ISS, IOF e INSTITUIÇÕES FINANCEIRAS

CIP-BRASIL. CATALOGAÇÃO NA PUBLICAÇÃO

SINDICATO NACIONAL DOS EDITORES DE LIVROS, RJ

B26i

Barreto, Aires
Iss, iof e instituições financeiras / Aires Barreto. - 1. ed. - São Paulo :
Noeses, 2016.

192 p. ; 23 cm.
Inclui bibliografia
ISBN 9788583100638

1. Direito tributário. 2. Instituições financeiras - Brasil. I. Título.

16-35471

CDU: 34:351.713

Aires F. Barreto

ISS, IOF e INSTITUIÇÕES FINANCEIRAS

2016

Fundador e Editor-chefe: Paulo de Barros Carvalho
Gerente de Produção Editorial: Rosangela Santos
Arte e Diagramação: Renato Castro
Revisão: Georgia Evelyn Franco
Designer de Capa: Aliá3 - Marcos Duarte

TODOS OS DIREITOS RESERVADOS. Proibida a reprodução total ou parcial, por qualquer meio ou processo, especialmente por sistemas gráficos, microfílmicos, fotográficos, reprográficos, fonográficos, videográficos. Vedada a memorização e/ou a recuperação total ou parcial, bem como a inclusão de qualquer parte desta obra em qualquer sistema de processamento de dados. Essas proibições aplicam-se também às características gráficas da obra e à sua editoração. A violação dos direitos autorais é punível como crime (art. 184 e parágrafos, do Código Penal), com pena de prisão e multa, conjuntamente com busca e apreensão e indenizações diversas (arts. 101 a 110 da Lei 9.610, de 19.02.1998, Lei dos Direitos Autorais).

2016

Editora Noeses Ltda.
Tel/fax: 55 11 3666 6055
www.editoranoeses.com.br

SUMÁRIO

Apresentação .... **XI**

PARTE I – PRESSUPOSTOS NECESSÁRIOS 01

1. A primeira providência: a identificação da atividade na Constituição Federal 01

2. Hipótese de incidência do ISS 03

   2.1 Serviço e prestação de serviço 09

3. Hipótese de incidência do IOF 10

4. Operação ou prestação 14

5. Obrigações de dar e de fazer 16

   5.1 Considerações adicionais acerca das obrigações de dar e de fazer 24

6. Contratos comutativos e contratos aleatórios 26

7. Polissemia do vocábulo "tarifa" 28

8. Atividade-meio e serviço-fim 32

9. Marco divisório 35

10. Prestação de serviço e prestação de garantia 41

11. Ingresso, receita e receita bruta 42

V

AIRES F. BARRETO

12. Descontos condicionados e descontos incondicionados 46

13. Subordinação da Lei Complementar à Constituição Federal 48

14. A taxatividade da lista de serviços anexa à Lei Complementar 116/2003 51

PARTE II – A LISTA DE SERVIÇOS DA LEI COMPLEMENTAR 116/2003 .... **55**

15. Os subitens da lista da Lei Complementar 116/2003 .. 56

15.1 Administração de fundos quaisquer, de consórcio, de cartão de crédito ou débito e congêneres, de carteira de clientes, de cheques pré-datados e congêneres 56

15.1.1 O "prêmio" como meio parcial de troca ... 72

15.1.2 O "prêmio" como unidade ideal 73

15.1.3 Sobre a atividade dos cartões de crédito.. 79

15.2 Abertura de contas em geral, inclusive conta-corrente, conta de investimento e aplicação e caderneta de poupança, no País e no exterior, bem como a manutenção das referidas contas ativas e inativas 89

15.3 Locação e manutenção de cofres particulares, de terminais eletrônicos, de terminais de atendimento e de bens e equipamentos em geral 91

15.4 Fornecimento ou emissão de atestados em geral, inclusive atestado de idoneidade, atestado de capacidade financeira e congêneres 91

15.5 Cadastro, elaboração de ficha cadastral, renovação cadastral e congêneres, inclusão ou exclusão no Cadastro de Emitentes de Cheques sem Fundos – CCF ou em quaisquer outros bancos cadastrais 92

VI

ISS, IOF E INSTITUIÇÕES FINANCEIRAS

15.6 Emissão, reemissão e fornecimento de avisos, comprovantes e documentos em geral; abono de firmas; coleta e entrega de documentos, bens e valores; comunicação com outra agência ou com a administração central; licenciamento eletrônico de veículos, transferência de veículos; agenciamento fiduciário ou depositário; devolução de bens em custódia...................................... 93

15.7 Acesso, movimentação, atendimento e consulta a contas em geral, por qualquer meio ou processo, inclusive por telefone, fac-símile, internet e telex, acesso a terminais de atendimento, inclusive 24 (vinte e quatro) horas; acesso a outro banco e a rede compartilhada; fornecimento de saldo, extrato e demais informações relativas a contas em geral, por qualquer meio ou processo 96

15.8 Emissão, reemissão, alteração, cessão, substituição, cancelamento e registro de contrato de crédito; estudo, análise e avaliação de operações de crédito; emissão, concessão, alteração ou contratação de aval, fiança, anuência e congêneres; serviços relativos a abertura de crédito, para quaisquer fins................................ 97

15.8.1 Considerações sobre a base de cálculo do ISS.. 114

15.8.2 Só receitas de serviço podem compor a base de cálculo do ISS.............................. 118

15.8.3 Adiantamento a depositantes................... 127

15.8.4 Da irrelevância das normas do Bacen para aferir a incidência do ISS – Resolução Bacen 3.919/2010................................ 131

15.8.5 Inconstitucionalidade da lei complementar quando excede o conceito de serviço......... 134

VII

15.8.6 O adiantamento a depositantes e a jurisprudência... 138

15.9 Arrendamento mercantil (*leasing*) de quaisquer
bens, inclusive cessão de direitos e obrigações,
substituição de garantia, alteração, cancelamento e registro de contrato, e demais serviços relacionados ao arrendamento mercantil (*leasing*).. 146

15.10 Serviços relacionados a cobranças, recebimentos ou pagamentos em geral, de títulos
quaisquer, de contas ou carnês, de câmbio, de
tributos e por conta de terceiros, inclusive os
efetuados por meio eletrônico, automático ou
por máquinas de atendimento; fornecimento de
posição de cobrança, recebimento ou pagamento; emissão de carnês, fichas de compensação,
impressos e documentos em geral..................... 164

15.11 Devolução de títulos, protesto de títulos, sustação de protesto, manutenção de títulos, rea-
presentação de títulos, e demais serviços a eles
relacionados 165

15.12 Custódia em geral, inclusive de títulos e valores
mobiliários... 165

15.13 Serviços relacionados a operações de câmbio em geral, adição, alteração, prorrogação,
cancelamento e baixa de contrato de câmbio;
emissão de registro de exportação ou de crédito; cobrança ou depósito no exterior; emissão,
fornecimento, transferência, cancelamento e
demais serviços relativos a carta de crédito de
importação, exportação e garantias recebidas;
envio e recebimento de mensagens em geral relacionadas a operações de câmbio..................... 166

ISS, IOF E INSTITUIÇÕES FINANCEIRAS

15.14 Fornecimento, emissão, reemissão, renovação e manutenção de cartão magnético, cartão de crédito, cartão de débito. Cartão salário e congêneres 166

15.15 Compensação de cheques e títulos quaisquer; serviços relacionados a depósito, inclusive depósito identificado, a saque de contas quaisquer, por qualquer meio ou processo, inclusive em terminais eletrônicos e de atendimento 167

15.16 Emissão, reemissão, liquidação, alteração, cancelamento e baixa de ordens de pagamento, ordens de crédito e similares, por qualquer meio ou processo; serviços relacionados à transferência de valores, dados, fundos, pagamentos e similares, inclusive entre contas em geral 168

15.17 Emissão, fornecimento, devolução, sustação, cancelamento e oposição de cheques quaisquer, avulso ou por talão 168

15.18 Serviços relacionados a crédito imobiliário, avaliação e vistoria de imóvel ou obra, análise técnica e jurídica, emissão, reemissão, alteração, transferência e renegociação de contrato, emissão e reemissão do termo de quitação e demais serviços relacionados a crédito imobiliário 169

Referências bibliográficas **171**

IX

APRESENTAÇÃO

O propósito deste ensaio é o de desmistificar certas atividades exercidas pelas instituições financeiras e, a partir daí, buscar a correta subsunção do fato considerado ao tributo devido, em especial ao ISS ou ao IOF. Casos haverá em que essa aderência capilar se dará com o ICMS, mas, de regra, as grandes disputas desembocarão na prevalência do ISS ou do IOF.

O que se objetiva, como perseguição ferrenha, não é a obtenção de uma singela conclusão em favor da incidência deste ou daquele imposto, mas, em todas as hipóteses, no oferecimento de critérios jurídicos que a embase. Não são raras as situações em que relevantes conclusões, estremadoras do campo abrangido por um ou por outro imposto, restam veiculadas sem o amparo de um sólido alicerce que lhes dê sustentação.

Seria pretensioso e descabido – não conhecêssemos nossas limitações — pretender que as soluções alvitradas sejam isentas de qualquer censura. Não abdicamos, porém, da certeza de termos desenvolvido o máximo de esforço visando a obter desenlace consentâneo com o primado da Constituição e de seus princípios.

Em resumo, de um lado, nada mais se pretende do que "dar a César o que é de César", seja ele: a União, os Estados, o Distrito Federal ou os Municípios e, de outro, que, diante de um único fato, o contribuinte se sinta seguro de que, no outro extremo, só existirá um César.

PARTE I
PRESSUPOSTOS NECESSÁRIOS

1. A Primeira providência: a identificação da atividade na Constituição Federal

É preciso ter cautela, antes de fazer algumas afirmações ou de extrair certas conclusões, que logo se revelarão incorretas. No processo de interpretação, constitui equívoco manifesto iniciar o processo pelo exame de normas infraconstitucionais, sem antes verificar se elas guardam plena consonância com os ditames da Constituição. Faz-se necessário extrair do Texto Supremo as balizas que delimitam os confins de cada tributo, a fim de não incursionar por veredas incorretas e acabar obtendo conclusões que, embora compatíveis com normas infraconstitucionais, discrepem frontalmente da Constituição.

Temos visto, com muita frequência, análises doutrinárias e esparsas decisões que tomam por ponto de partida a definição apresentada pela lei complementar, como se esta fosse uma norma suprema, acima da Constituição. Não se parte do raciocínio incontornável de verificar como a atividade se classifica perante a Constituição, para só então verificar se a lei complementar lhe deu tratamento com ela consentâneo. Ponha-se exemplo: a lei complementar entendeu que "locação de bens móveis" era

1

serviço e, então, curou de listá-la. Não houve a preocupação de previamente verificar se, à luz de um critério jurídico, locação de bens móveis, era, em verdade, serviço. Ora, como sabido, serviço implica a existência de "obrigação de fazer" e locação de bens móveis é paradigma de obrigação de dar. O exame da Constituição e a observância dos princípios gerais de direito teria evitado o erro palmar de situar a locação de bens móveis como serviço. Restam muitos outros equívocos. Eufemismos, tais como "fornecimento de andaimes" (mera locação de bens móveis), só para mencionar um, persistem na indigitada lista como se fossem serviços, como se a lei complementar, como um novo rei Midas, pudesse transformar em serviço toda e qualquer atividade, afastando o campo que tenha sido outorgado a outra esfera de governo, é dizer, invadindo competência tributária alheia.

Para a obtenção de resultado compatível com o sistema é preciso, pois, antes de proceder a qualquer exame da lei complementar,[1] verificar se a atividade considerada guarda plena sintonia com o arquétipo disposto na Constituição. Só ao depois de concluir que se trata de atividade, (a) em tese classificável como serviço, (b) serviço de competência dos Municípios (e, por exemplo, não dos Estados) configurador de obrigação de fazer, é que se poderá, então, ir à lei complementar para constatar se se trata de atividade constante da lista que a acompanha.

Essa observação merece atenção especialíssima relativamente a atividades ligadas ao setor financeiro, porquanto, na maioria das vezes, o sistema constitucional demonstrará que se tratam de operações creditícias, principais ou acessórias, e nenhuma prestação de serviços.

---

1. É preciso ter em conta que as listas veiculadas pelas leis complementares (e antes pelos decretos-leis que lhes faziam as vezes) sempre tiveram por nascedouro as relações que chegavam ao Congresso pelas mãos dos Municípios. Estes, por sua vez, tudo faziam e fazem visando a que as atividades em geral figurem nessas normas como caracterizadoras de serviço. Apresentado um projeto, atuam os Municípios vorazmente, para em substitutivo aprovar listas que nada têm a ver com a primeira – e até mesmo com o projeto — incluindo, nestas, uma plêiade de atividades que serviço não são. E, como tantas vezes se disse, "tá na lista, é serviço".

Em resumo, a natureza jurídica da atividade é crucial para identificar o tributo a que subsume. Desprezar essa providência é, via de regra, obter conclusões equivocadas, sem lastro na Carta Magna.

2. Hipótese de incidência do ISS

Dado que a Constituição Federal (art. 156, III) atribuiu aos Municípios competência para instituir imposto sobre "serviços de qualquer natureza, não compreendidos no art. 155, II, definidos em lei complementar", é de elementar evidência que circunscreveu esse âmbito de competência aos fatos incluídos no conceito de "serviço". E esse conceito, empregado pela Constituição Federal para discriminar (identificar, demarcar) essa determinada esfera de competência, é de direito privado.

É, pois, no interior dos lindes desse conceito — no direito privado — que se enclausura a esfera da competência dos Municípios para a tributação dos «serviços de qualquer natureza", visto que foi por ele que a Constituição Federal, de modo expresso, a discriminou, identificou e demarcou.

Exatamente porque a rigidez e a exaustividade são características particulares e notáveis do nosso sistema constitucional tributário, foi que o CTN propôs, em *precepto didactico* (como o qualificaria Sainz de Bujanda) de notável alcance (art. 110), ser defeso (vedado, proibido) à lei tributária "alterar a definição, o conteúdo e o alcance de institutos, conceitos e formas de direito privado, utilizados, expressa ou implicitamente, pela Constituição Federal", para "definir ou limitar competências tributárias".

Com efeito, outra não é a opinião do nosso Poder Judiciário, ilustrada pelo teor do seguinte trecho do acórdão — bem a propósito do tema deste estudo — proferido pelo E. 1º TAC-SP [tribunal extinto]:

Tranquilo é o entendimento de que serviço é instituto de direito privado, neste sentido mencionado expressamente pela Constituição. Logo, a absorção pela lei tributária dessa entidade não pode sofrer alteração, seja para limitar, seja para definir competências tributárias.[2]

No mesmo sentido, consignou o Supremo Tribunal Federal em conhecido julgado:

> IMPOSTO SOBRE SERVIÇOS – CONTRATO DE LOCAÇÃO. A terminologia constitucional do Imposto sobre Serviços revela o objeto da tributação. Conflita com a Lei Maior dispositivo que imponha o tributo considerado contrato de locação de bem móvel. Em Direito, os institutos, as expressões e os vocábulos têm sentido próprio, descabendo confundir a locação de serviços com a de móveis, práticas diversas regidas pelo Código Civil, cujas definições são de observância inafastável – artigo 110 do Código Tributário Nacional.[3]

O conceito constitucional de serviço tributável, por via de impostos, não coincide com o emergente da acepção comum, ordinária, desse vocábulo. Sempre lembramos ter sido A. A. Becker — apoiado em Pontes de Miranda — quem, visando a extrair consequências no campo do direito tributário, demonstrou que a norma jurídica como que "deturpa" ou "deforma" os fatos do mundo, ao erigi-los em fatos jurídicos.

É para delimitar e circunscrever — num contexto rígido — o campo de competência, relativamente a serviços, que a Constituição utiliza, expressamente, esse vocábulo. Pressupõe, portanto, um conceito de certos fatos que poderão ser adotados como hipótese de incidência, pelo legislador ordinário. Este poderá usar total ou parcialmente a competência recebida. Não poderá, porém, ultrapassá-la. Quer dizer: o legislador não pode ir além dos lindes do conceito constitucional de serviço. Daí a importância do esforço exegético, no

---

2. Apelação 303.513-SP.

3. Recurso Extraordinário 116.121/SP.

sentido de desvendar o conteúdo, sentido e alcance do conceito de serviço tributável, a que se refere o texto constitucional.

Atentos à Constituição, sistematicamente interpretada, temos que no conceito de serviço tributável não se inclui o serviço público, porque (a) subsumível a regime de direito público e (b) excluído por força do estatuído na alínea "a", do inciso VI, do art. 150, que estabelece a imunidade tributária dos serviços públicos.

No conceito, também não se contém o trabalho realizado para "si próprio", desprovido que é de conteúdo econômico. Deveras, as exigências do princípio da isonomia e da capacidade contributiva impedem que se possa cogitar de gravar-se com impostos "a prestação de serviços" despida de conteúdo econômico.

Em trabalho anterior, já havíamos exposto que:

> (...) ninguém presta serviços a si mesmo. Haver trabalho não significa a existência de prestação de serviço. Quem "distribui" seus próprios filmes (os filmes que produziu) não presta serviços, assim como não o faz o industrial que "distribui" (entrega) os produtos por ele fabricados e vendidos a vários comerciantes.[4]

A Constituição só arrolou arquétipos evidenciadores de riqueza. É incompatível com a estrutura sistêmica constitucional a tributação de outras categorias de eventos. Não há serviço para si mesmo: isto seria inaceitável *contradictio in terminis*. Juridicamente, não há prestação de serviço em proveito próprio. Só é reconhecida como tal a prestação que tenha conteúdo econômico mensurável, o que só se pode dar quando o esforço seja produzido para outrem.

Pelas mesmas razões jurídicas, não se contêm no conceito constitucional de serviços os prestados em regime familiar, os altruísticos, desinteressados e filantrópicos, por lhes

---

4. *ISS na Constituição e na lei*. São Paulo: Dialética, 2003, p. 168.

faltar conteúdo econômico (conforme art. 145, §1º, da CF). Reconhece-se, universalmente, que o princípio constitucional da isonomia exige tenham os fatos tributários conteúdo econômico. Não se perca de vista, a propósito, a advertência do Professor Ives Gandra Martins, segundo a qual

> compreende-se por capacidade contributiva aquela potencialidade do sujeito passivo da relação tributária de agregar, ao patrimônio e necessidades do Erário, recursos que não afetem sua própria possibilidade de gerá-los, risco de a tributação se transformar em confisco. [5]

Fora do conceito também está — por não estar *in commercium* — o trabalho efetuado em relação de subordinação, seja a empregador privado, seja ao poder público (cujo conteúdo econômico é excluído, em razão de seu cunho alimentar). Com estas exclusões constitucionalmente exigidas, fica delimitado o conceito de serviço tributável.

Dele estão subtraídos, ainda, os serviços cuja tributação é cometida aos Estados e ao Distrito Federal, que são os serviços de transportes intermunicipal ou interestadual e os de comunicação (cf. art. 155, II, da CF).

A propósito desse tema, já havíamos assinalado que:

> serviço é uma espécie de trabalho. É o esforço humano que se volta para outra pessoa, desenvolvido para outrem. O serviço é, assim, um tipo de trabalho, que alguém não desempenha para si mesmo. Conceitualmente, parece que são rigorosamente procedentes essas observações. O conceito de serviço supõe uma relação com outra pessoa, a quem se serve. Efetivamente, se é possível o dizer-se que se fez um trabalho para si mesmo, não o é afirmar-se que se prestou serviço a si próprio.[6]

Pode-se, portanto, inicialmente, conceituar serviço como todo o esforço humano desenvolvido em benefício de outra

---

5. *Teoria da imposição tributária*. São Paulo: Saraiva, 1983, p. 28.

6. *ISS na Constituição e na Lei*. São Paulo: Dialética, 2003.

ISS, IOF E INSTITUIÇÕES FINANCEIRAS

pessoa. E, por sua vez, serviço tributável como o desempenho de atividade economicamente apreciável, remunerada, sob regime de direito privado, mas sem subordinação, objetivando produzir utilidade a outrem. Os serviços tributáveis submetem-se, em regra, a imposto municipal (art. 156, III, CF) e, excepcionalmente, a imposto estadual ou distrital (art. 155, II, CF).

Em outras palavras, serviço é o *"desempenho de atividade economicamente apreciável, tendente a produzir uma utilidade para outrem, desenvolvida sob regime de direito privado, mas sem subordinação, com fito de remuneração"*.[7] É esse o fato que, nos termos constitucionais, pode ser adotado, pelo legislador ordinário, como materialidade de hipótese de incidência de imposto estadual ou municipal, conforme o caso.

É abrangente a outorga constitucional. No campo de incidência municipal (e distrital, pela regra do art. 147, CF) só não se podem incluir (a) as situações que não configurem serviços; (b) as atividades que, embora constituam serviços, foram subtraídas à competência municipal, eis que compreendidas na competência dos Estados e do Distrito Federal; e, ainda, (c) os serviços imunes (art. 150 da CF) e os que não ostentam conteúdo econômico, como é o caso dos serviços desinteressados, altruísticos, familiares, caritativos e outros da espécie (art. 145, §1º).

De um lado, tem-se que a CF outorgou competência aos Municípios (CF, art. 156) e ao Distrito Federal (CF, art. 147) para tributar, por meio de imposto, os "serviços de qualquer natureza, não compreendidos no art. 155, II". Via de consequência, atendidos os requisitos de serviço tributável, antes expostos, todo e qualquer serviço — exceto os de transportes intermunicipal ou interestadual e os de comunicação (cf. art. 155, II, da CF) – pode ser eleito, pelo legislador ordinário, como hipótese de incidência do ISS.

---

7. Aires Barreto. Conceito de serviço. *Suplemento Tributário* da LTr, n. 19, São Paulo: LTr, 1981, p. 3.

Mas, obviamente, é preciso que, desde logo, se esteja diante de serviço tributável. O legislador ordinário municipal não é totalmente livre, quando institui o imposto sobre serviços de qualquer natureza, jungido que está ao conceito, ainda que implícito, de "serviços de qualquer natureza", posto na Constituição Federal. Positivamente, têm-se os serviços todos, visto que são os de qualquer natureza; negativamente, têm-se que são apenas os serviços de qualquer natureza e nenhuma outra atividade, com eles incompatível.

Há ainda aspecto a merecer advertência: aos Municípios não foi conferida competência para tributar contratos de prestação de serviços, mas, sim, para instituir imposto sobre o fato "prestar serviços". O ISS não é um tributo sobre atos jurídicos, mas sobre fatos, sobre o *facere* que alguém (o prestador) tenha concretamente desenvolvido em favor de terceiro (o tomador). Contratado o fato "A" e prestado o fato "A", obviamente o imposto incide sobre "A", mas, contratado o fato "A" e prestado o fato "B", o imposto incide sobre "B" e não sobre "A". À guisa de exemplo: se forem celebrados dois contratos para a prestação de serviços de concepção de uma obra, mas só um deles for executado, o imposto só incidirá sobre este.

Embora não se possa dizer que a todo contrato corresponda um fato tributável, é lícito afirmar que todo fato tributário, em relação ao ISS, pressupõe um contrato. É que o fato, de conteúdo econômico, em que se traduz o objeto do contrato, é que poderá constituir-se, ou não, em atividade sujeita à hipótese de incidência do ISS. Daí porque, diante de um dado fato de expressão econômica, sua subsunção à hipótese de incidência desse imposto exigirá, sempre, detida e acurada análise do contrato do qual é objeto, para bem discernir sua materialidade e sua real natureza jurídica, a fim de que não se exija imposto indevido.

Note-se que o exame dos fatos pode conduzir à identificação de serviço diverso daquele constante do contrato, ou, até mesmo, a que a atuação efetivamente realizada não se qualifique como nenhum serviço, mas, sim, como atividade de natureza absolutamente distinta. Exemplo dessa hipótese é o de contrato que menciona, como prestação de serviço, uma operação financeira.

A obrigação tributária só nasce diante de plena e cabal identificação do conceito do fato com o conceito descrito na hipótese de incidência. Consequentemente, se o fato é identificável como "A", não há como subsumi-lo à hipótese de incidência "B"; só se poderá fazê-lo em relação aos fatos qualificados como "B".

Os Municípios não podem invadir a área de competência dos Estados ou da União, para tributar, seja a que título for, operações relativas à circulação de mercadorias, os serviços de transportes intermunicipal ou interestadual e os de comunicação ou as operações de crédito. Reciprocamente, de modo nenhum podem os Estados ou a União incursionar no âmbito municipal, para tributar os demais serviços (ainda que de modo indireto ou oblíquo).

2.1. Serviço e prestação de serviço

Convém enfatizar que o aspecto material da hipótese de incidência do ISS consiste em prestar serviço, não compreendido no art. 155, II, da CF, não se esgotando na palavra serviço. Com efeito, a essência do aspecto material da hipótese de incidência do ISS não se resume ao termo "serviço" isoladamente considerado, mas na atividade humana que dele decorre, vale dizer, em prestar serviço. Essa síntese, abriga um verbo e respectivo complemento, permitindo isolar o critério material dos demais.

Prestar serviços, por sua vez, indica, na técnica jurídica, atividade em proveito alheio. É que a prestação de atividade em benefício próprio não exterioriza riqueza, nem capacidade contributiva. E, como visto, a Constituição só arrolou arquétipos evidenciadores de riqueza. É incompatível com a estrutura sistêmica constitucional, a tributação dessas categorias de eventos. Juridicamente, não há prestação de serviços em proveito próprio. Só é reconhecida como tal a prestação que tenha conteúdo econômico mensurável, o que só se pode dar quando o esforço for produzido para outrem. Não pode haver serviço para si mesmo. É, na verdade, impossível pretender atribuir significação econômica a um trabalho para si mesmo. Daí o impor-se discernir trabalho de serviços, para reconhecer que este é espécie daquele; que só este está compreendido na dicção constitucional demarcadora do campo material do ISS dentro do qual irá operar o legislador ordinário.

Em resumo, o aspecto material da hipótese de incidência do ISS é a conduta humana (esforço), tendo por fim a prestação de atividade qualificável como serviço, isto é, aquela consistente em desenvolver um esforço de pessoas em favor de terceiros, em regime de direito privado, mas sem subordinação, em caráter negocial (posto *in commercium*), visando a adimplir uma obrigação de fazer.

O ISS, à luz da Constituição, não pode incidir onde não haja prestação de serviço. E essa impossibilidade conduz, inexoravelmente, à inconstitucionalidade da instituição e da exigência desse tributo em casos de atividades que se traduzem em obrigações de dar, que são com ele incompatíveis. Já consignamos que o ISS só pode abranger obrigações de fazer, contidas em contratos em que uma pessoa (física ou jurídica) presta e outra recebe serviços; só há ISS debaixo de uma relação jurídica instaurada entre prestador e tomador do serviço.

Aqui chegados, é hora de versar outro ângulo relevante, necessário à integral compreensão do tema.

3. Hipótese de incidência do IOF

A Constituição Federal, em seu art. 153, V, outorgou à União competência para instituir o imposto sobre operações de crédito, câmbio e seguro, ou relativas a títulos ou valores mobiliários.

ISS, IOF E INSTITUIÇÕES FINANCEIRAS

Embora o termo não esgote o cerne do arquétipo constitucional desse tributo federal — que acabou sintetizado como IOF — o certo é que, entre eles, sobressai o vocábulo "operações". Assim, tal qual o IPI (que tem por cerne promover "operações" com produtos industrializados) ou como o ICM (sem o S) cuja essência compreende as "operações" relativas à circulação de mercadorias, também o IOF é imposto que incide sobre "operações".

A consequência dessa constatação está em que essas atividades ocorrem no bojo de atos ou negócios jurídicos, ou seja, é imposto que incide eminentemente sobre contratos, envolvendo sempre operações, que se desdobram em: (a) de crédito, (b) câmbio e (c) seguro, abrangendo, ainda, as (d) relativas a títulos ou a (e) valores mobiliários. Rigorosamente têm-se cinco diferentes impostos, embora com a mesma radicação. Um imposto sobre operações de crédito, outro sobre operações de câmbio, outro sobre operações de seguro, outro mais, relativo a títulos mobiliários e, finalmente, mais um, desta feita sobre outros valores mobiliários.

No caso do IOF, o aspecto material da hipótese de incidência atua muito próximo do aspecto temporal, de modo que a incidência pode ocorrer quando do nascimento, quando da sua circulação, ou, ainda, quando do resgate, é dizer, no ensejo da extinção. Deveras, dando-se a incidência sobre contratos, pode o legislador escolher o momento que elegerá para considerar ocorrido o fato tributário, optando seja pela emissão, seja pela circulação, seja pela fase da extinção.

Nessa esteira, cumprindo uma das missões que lhe foi outorgada pela Constituição, o CTN, em seu art. 63, estabelece que o fato tributário (fato gerador), (I) relativamente às operações de crédito, se tem por ocorrido diante da efetivação pela entrega total ou parcial do montante ou do valor que constitua o objeto da obrigação, ou sua colocação à disposição do interessado; (II) no pertinente às operações de câmbio, a sua efetivação pela entrega de moeda nacional ou estrangeira, ou de documento que a represente, ou sua colocação à

AIRES F. BARRETO

disposição do interessado, em montante equivalente à moeda estrangeira ou nacional entregue ou posta à disposição por este; (III) em face de operações de seguro, a sua efetivação pela emissão da apólice ou documento equivalente, ou a recebimento do prêmio, na forma da lei aplicável ou, ainda, (IV) diante de operações relativas a títulos e valores mobiliários, a emissão, transmissão, pagamento ou resgate destes, na forma da lei aplicável.

Dada a dificuldade em definir claramente a diferença entre as operações de crédito, a que se reporta o inciso I do art. 63, do CTN e aqueloutras contempladas na descrição do inciso IV, para evitar possíveis superposições, verdadeiras duplicidades, apressou-se o CTN, no parágrafo único do mesmo dispositivo, em explicitar a exclusão da incidência do inciso IV, uma vez ocorrida a do inciso I, e reciprocamente, a do inciso I, uma vez concretizada a do inciso IV, quanto à emissão, ao pagamento ou resgate, do título representativo de uma mesma operação de crédito, evitando, assim, que uma só operação pudesse ser alvo de cobrança duplicada, uma com lastro no inciso I e outra com apoio no inciso IV.

Essa disposição deixa patente o terreno pantanoso em que se assentam as duas disposições acima, ou dito de outro modo, a dificuldade em precisar todos os títulos ou os valores mobiliários que não estejam contidos entre as operações de crédito, a que se reporta o inciso I. De fato, muito embora a doutrina,[8] após salientar que *a exemplificação dos títulos mobiliários é tarefa das mais fáceis, já que encontráveis em inúmeros negócios de crédito, como nas ações, debêntures, bônus, apólices de dívidas ativas TDAs), obrigações reajustáveis, certificados (CDB), letras (LTN, de câmbio) e notas,* acresce que valores mobiliários *"são menos comuns".*

Vistos globalmente, pode-se dizer que títulos ou valores mobiliários são papéis, instrumentos ou documentos que

---

8. Plínio J. Marafon, IOF, in *Comentários ao Código Tributário Nacional*, 7ª ed., Coordenação Ives Gandra Martins. São Paulo: Saraiva, 2013, pp 581/582.

ISS, IOF E INSTITUIÇÕES FINANCEIRAS

representam direitos de crédito, com aptidão para circular no mercado financeiro. Já, isoladamente, valores mobiliários são os documentos, papéis ou instrumentos que, sem revestir a qualidade de título de crédito, representam valores creditícios. São pouco comuns no nosso sistema financeiro e creditício. Nada obstante, entre outros, na nomenclatura "valores mobiliários", pensamos possam ser arrolados o ouro, enquanto ativo financeiro, e os RDB (recibos de crédito).

Note-se, por fim, que o CTN não enumerou quais seriam esses instrumentos, papéis ou documentos, deixando o intérprete livre para categorizá-los.

É hora de consignar qual a base de cálculo cabível no caso do IOF. Para tanto, tenha-se presente, como já consignamos em outra obra,[9] que a expressão base de cálculo equivale a critério para calcular, fundamento para medir. É dizer, dimensionar o próprio fato em sua grandeza numérica. Assim, se os fatos tributários são as operações de crédito, de câmbio, de seguro, de títulos e valores mobiliários, a base de cálculo só poderá ser o valor dessas operações. Só elas poderão constituir a dimensão do fato gerador. Consequentemente, se, por exemplo, a operação for a de crédito, a medida deverá ser a disponibilidade do dinheiro; se for a de câmbio, o valor da contratação em que se consubstancie a compra ou venda da moeda nacional ou estrangeira; se for uma operação securitária, o valor da sua contratação, espelhado na apólice ou no documento que lhe faça as vezes.

O campo é mais abrangente no caso dos títulos ou valores mobiliários (que não tenham sido objeto de tributação, como operação de crédito). Nessa modalidade, as alternativas de mensuração poderão alcançar a criação, a transmissão, o seu pagamento, o seu resgate ou a extinção dos títulos ou dos valores mobiliários. Lembre-se, todavia, que o emprego das várias espécies de medição não poderá conduzir à produção

---

9. Aires Barreto, *Base de cálculo, alíquota e princípios constitucionais*, 2ª ed., São Paulo: Max Limonad, 1998.

do efeito de confisco que, como cediço, é vedado pelo nosso sistema constitucional tributário (art. 150, IV, da CF).

Uma advertência final neste resumo da hipótese de incidência do IOF: existem movimentações financeiras que não implicam operações de crédito, como o caso das cadernetas de poupança, eis que, a despeito de serem depósitos bancários, não são operações de crédito, nem com títulos ou valores mobiliários.

4. Operação ou prestação

Para a correta delimitação do campo de incidência assim do ISS, como do IOF, é de vital importância ter presente os vocábulos que integram o cerne dos respectivos aspectos materiais: "operação" ou "prestação". É que o marco divisório entre o ISS e o IOF (assim como do IPI e do ICM, sem o *S*) começa a ser delimitado exatamente a partir desses termos: operação ou prestação. Onde ocorrer o primeiro termo (operação) poder-se-á estar diante de IPI, de ICM (sem o *S*) ou do IOF, mas nunca do ISS. Inversamente, diante do termo prestação (salvo se se tratar de serviços de transporte interestadual ou intermunicipal ou de comunicações), poderá estar-se diante do ISS, mas nunca do IOF. Eis aí uma das primeiras questões a serem enfrentadas: a diferença entre os vocábulos "operação" e "prestação". Afaste-se, desde logo, qualquer possibilidade de serem termos que possam ser considerados equivalentes ou sinônimos. Pelo contrário, são palavras com significado absolutamente diverso.

Operação é negócio jurídico havido entre um alienante e um adquirente. Sem embargo de haverem outros delimitadores, é inexorável que só exista operação no bojo de um negócio jurídico creditício (IOF), com produtos industrializados (IPI), ou mercantil (ICM, sem o *S*). Se o objeto da operação for um negócio jurídico envolvendo mercadorias, ter-se-á a possível incidência de ICM (sem o *S*); se, diferentemente, o objeto colimado for um negócio jurídico pertinente a produtos industrializados, haverá a provável incidência de IPI; caso, diversamente, se tiver frente a um negócio jurídico de natureza creditícia, cambial, securitária, ou envolvendo títulos ou valores mobiliários, ter-se-á operações classificadas como financeiras, implicando a provável incidência de IOF.

Alerte-se, porém, que, nos três casos, não se poderá ter incidência de ISS, pela simples, mas bastante e suficiente razão, de que não se tem nenhuma "prestação" de serviços (o fato prestar serviço), mas uma "operação", ou seja, ato ou negócio jurídico que, no que nos interessa, é relativo a crédito, ou a outros negócios financeiros, como o câmbio, seguro, títulos ou valores mobiliários.

A distinção entre operações e prestações é extraível de interpretação sistemática da Constituição, onde vem reiteradamente demarcada. Com efeito, o art. 155, §2º, evidencia a diferença ao consignar que o âmbito de abrangência do ICMS alcança as (a) *operações relativas à circulação de mercadorias* e as (b) *prestações de serviços de transporte interestadual e intermunicipal e de comunicação*. Fossem idênticas, não haveria a necessidade da partição. A estremação segue remarcada nos vários incisos do §2º do art. 155, especialmente no I e II, IV a VII, IX e X. Essa distinção é igualmente aplicável relativamente ao âmbito de alcance do IOF, também incidente sobre "operações" de crédito. Assim, sempre que se tiver operação mercantil, não se poderá ter ISS. A matéria não difere em se tratando de IOF, descrito no inciso V do art. 153, da CF, que tem por hipótese de incidência as *"operações de crédito, câmbio e seguro, ou relativas a títulos ou valores mobiliários"*. Também aqui tem-se imposto incidente sobre *"operações"* e não sobre *"prestações"*.

Tenha-se presente, por fim, que o STF, na ADI 1.763-DF,[10] entendeu que operações de crédito não são apenas as praticadas pelas instituições financeiras, incluindo outras, fora desse mercado.

---

10. Disponível em: <http://goo.gl/tKFoZY>. Acesso em: 16 maio 2016.

AIRES F. BARRETO

5. Obrigações de dar e de fazer

Posto em evidência que o âmbito de competência dos Municípios, a título de ISS, está adstrito às prestações de serviço, de qualquer natureza, que não as de transporte intermunicipal e interestadual[11] e de comunicações, é hora de ver, também, qual a natureza jurídica das obrigações que podem proporcionar a incidência desse imposto.

Registre-se, de pronto, que tirante às obrigações negativas, que não interessam à solução das questões aqui envolvidas, as obrigações positivas subdividem-se em prestações de coisas e prestações de fatos.[12] As prestações de coisas consistem na entrega de um bem, enquanto as prestações de fatos consistem em atividade pessoal do devedor. Paradigma de prestação de coisas é o contrato de compra e venda e um dos seus protótipos é a locação.[13]

A obrigação de dar consiste em um vínculo jurídico que impõe ao devedor a entrega de uma coisa já existente ao credor, para que este adquira sobre ela um direito. Por sua vez, *"as obrigações de fazer têm por objeto um ou mais atos do devedor, quaisquer atos, de fora parte a entrega de uma coisa."*[14] Em outras palavras, as obrigações de fazer impõem a execução, a elaboração, o fazimento de algo até então inexistente. Consistem elas em um ato ou em um serviço a ser prestado pelo devedor, é dizer, numa produção, mediante esforço humano, de uma atividade material ou imaterial. Nas obrigações de fazer, pode seguir-se o dar, mas este não se pode concretizar

---

11. Temos para nós que alcançadas não estão as prestações de serviços de transporte internacional.

12. Orlando Gomes, *Obrigações*, Rio de Janeiro: Forense, 1961, p. 66; *Bufnoir, Propriété et Contrat*, p. 511.

13. Orlando Gomes, *Obrigações*, Rio de Janeiro: Forense, 1961, p. 66; Carvalho de Mendonça, *Doutrina e Prática das Obrigações*, Rio de Janeiro: Forense, 1956, t. 1, p. 182.

14. Orozimbo Nonato, *Curso de obrigações*, v. I, Rio de Janeiro: Forense, 1959, p. 287.

sem o anterior fazimento, objeto precípuo do contrato (do qual o "entregar" é mera consequência do fazer).

Pontes de Miranda, conceituando que o contrato de compra e venda é gerador de obrigação de dar, com transferência de propriedade, resultante do acordo de transmissão, clarifica a obrigação de fazer, do seguinte modo:

> A passagem da coisa não é característica da obrigação de dar. Se B recebe de A cartazes para pregar nas ruas, não é de dar a obrigação, mas de fazer. Se C encomendou retrato a D, a obrigação de D é obrigação de fazer, não é de dar (compra-e-venda).[15]

Essa distinção – de extrema relevância para apartar os fatos tributáveis pelo imposto municipal sobre serviços daqueles graváveis por imposto de outras esferas de governo – é magistralmente exposta por Washington de Barros Monteiro:

> O *substractum* da diferenciação está em diferenciar se o dar ou o entregar é ou não consequência do fazer. Assim, se o devedor tem de dar ou de entregar alguma coisa, não tendo, porém, de fazê-la previamente, a obrigação é de dar; todavia, se, primeiramente, tem ele de confeccionar a coisa para depois entregá-la, se tem ele de realizar algum ato, do qual será mero corolário a de dar, tecnicamente a obrigação é de fazer. Em resumo, nas obrigações *ad dandum* ou *ad tradendum* consiste a prestação em entregar alguma coisa (dar), enquanto que as *in faciendo* se referem a ato ou serviço a cargo do devedor (prestador).[16]

Orlando Gomes, com a mestria que timbrava os seus trabalhos, demarcou aspecto relevante para distinguir a obrigação de dar da obrigação de fazer, ao ensinar que:

> Nas obrigações de dar, o que interessa ao credor é a coisa que lhe deve ser entregue, pouco lhe importando a atividade de que o devedor precisa exercer para realizar a entrega. Nas obrigações

---

15. *Tratado de direito privado*, tomo XXII, 2ª ed., Rio de Janeiro: Borsoi, 1958, p. 87.

16. *Curso de direito civil* – Direito das obrigações, 1ª parte, São Paulo: Saraiva, 1967, p. 95.

AIRES F. BARRETO

de fazer, ao contrário, o fim que se tem em mira é aproveitar o serviço contratado.[17]

O insigne Clóvis Beviláqua – sem cujas lições não se pode bem aprender os temas do nosso direito civil – aclara, em preciosa síntese, o conceito de obrigação de dar, de modo a permitir que se a distinga da obrigação de fazer: "Obrigação de dar é aquela cuja prestação consiste na entrega de uma coisa móvel ou imóvel, seja para constituir um direito real, seja somente para facilitar o uso, ou ainda, a simples detenção, seja finalmente, para restituí-la a seu dono.[18]"

A seu turno, em seu livro sobre ISS, o professor paranaense Marçal Justen Filho enfatiza que as obrigações de dar não podem dar ensejo à exigência de ISS:

> Restam, então, as obrigações de prestação positiva. E, dentro delas, as obrigações de fazer, pois elas é que podem produzir uma prestação de esforço pessoal, caracterizadora de serviço tributável por via do ISS. As obrigações de dar não conduzem a um serviço prestado. A prestação do esforço, caracterizadora do serviço, é qualificável juridicamente como execução de uma obrigação de fazer. [19]

Em trabalho antigo, já havíamos anotado que, embora a distinção entre dar e fazer não seja matéria das mais simples — quando examinada em apertada síntese — basta aos fins a que nos propusemos salientar que a primeira consiste em vínculo jurídico que impõe ao devedor a entrega de alguma coisa já existente; nas de fazer, impõe-se a execução, a elaboração, o fazimento de algo até então inexistente. Consiste num serviço a ser prestado pelo devedor. Nas obrigações de fazer, segue-se o dar, mas este não se pode concretizar sem o referido fazimento.

---

17. *Obrigações*, Rio de Janeiro: Forense, 1961, p. 67.

18. *Curso de direito civil* – Direito das obrigações, 1ª parte, São Paulo: Saraiva, 1967, p. 95.

19. *O Imposto Sobre Serviços na Constituição*. São Paulo: Ed. RT, 1985, p. 90.

ISS, IOF E INSTITUIÇÕES FINANCEIRAS

Em resumo, obrigação de dar jamais pode conduzir à exigência de ISS, porquanto serviço se **presta**, mediante um *facere*. Em outras palavras, serviço se presta, não se dá.[20]

Essas considerações são especialmente relevantes porque não são raras as vezes em que as expressões "locação de coisas", "fornecimento de andaimes", "prestação de garantia", "aval", "fiança", "caução", "outorga de dinheiro virtual", e tantas outras, estão sendo tomadas como serviço, equivocadamente, contra a Constituição.

O conceito constitucional de serviço tributável somente abrange as obrigações de fazer e nenhuma outra.

É caudaloso o entendimento, seja da doutrina,[21] como da jurisprudência, de que *serviço* traduz, sempre, uma obrigação de *fazer*. Ou, como ensina Pontes de Miranda, serviço é "qualquer prestação de fazer", pois que "servir é prestar atividade a outrem."[22]

Assegurando a impossibilidade de serem alcançadas pelo ISS ações que não consistam em obrigações de fazer, o Supremo Tribunal Federal, por seu plenário, declarou inconstitucional a exigência de ISS sobre a locação de bens móveis

---

20. É preciso que se tomem esses termos em sua conceituação jurídica. É equivocado supor que basta o sentido comum do vocábulo. Ele pode ser considerado, nada obstante posto ao crivo da sua significação perante o Direito. Por exemplo, é errôneo supor que o sentido de fazer e o de dar possam seguir o seu sentido vulgar, comum, correntio. Basta se diga que se o vocábulo *dar*, perante o Direito, tivesse o mesmo significado que se lhe atribui no uso comum, todas as obrigações da espécie seriam gratuitas, graciosas, eis que seriam sempre dadas, e nunca qualquer outra coisa que graciosa não fosse. Na mesma linha, só há fazer se, previamente, houve o fazimento, a feitura de algo não existente. Assim, embora o devedor possa achar que "fez um empréstimo", em verdade, o concedente outorgou-lhe um crédito, isto é, atuou sob uma típica obrigação de dar. Em suma, é preciso cautela em tais casos, pena de subverter totalmente o sistema constitucional e todos os seus subsistemas jurídicos.

21. Cf., dentre outros, Agostinho Sartin, *RDT* 19/20, p. 48 e segs.; Célio de Freitas Batalha, *RDT* 19/20, p. 114 e segs.; Yoshiaki Ichihara, *RDT* 19/20, p. 91 e segs.; Antonio José da Costa, *RDT* 19/20, p. 177, Marçal Justen Filho, *O Imposto sobre Serviços na Constituição*. São Paulo: Ed. RT, 1980, p. 77 e segs.

22. *Tratado de direito privado*, t. XLVII, p. 3.

por não se constituir em prestação de serviços, consoante se extrai de sua ementa, *verbis,* já constante na p. 4, cuja reiteração faz-se imprescindível:

> IMPOSTO SOBRE SERVIÇOS – CONTRATO DE LOCAÇÃO. A terminologia constitucional do Imposto sobre Serviços revela o objeto da tributação. Conflita com a Lei Maior dispositivo que imponha o tributo considerado contrato de locação de bem móvel. Em Direito, os institutos, as expressões e os vocábulos têm sentido próprio, descabendo confundir a locação de serviços com a de móveis, práticas diversas regidas pelo Código Civil, cujas definições são de observância inafastável – artigo 110 do Código Tributário Nacional. [23]

Do voto do Relator, Ministro Marco Aurélio, destacamos o seguinte trecho:

> Na espécie, o imposto, conforme a própria nomenclatura revela e, portanto, considerado o figurino constitucional, pressupõe a prestação de serviços e não o contrato de locação. Indago se, no caso, o proprietário do guindaste coloca à disposição daquele que loca também algum serviço. Penso que não. Creio que aí se trata de locação pura e simples, desacompanhada, destarte, da prestação de serviços. Se houvesse o contrato para essa prestação, concluiria pela incidência do tributo.

> Em face do texto da Constituição Federal e da legislação complementar de regência, não tenho como assentar a incidência do tributo, porque falta o núcleo dessa incidência, que são os serviços. Observem-se os institutos em vigor tal como se contêm na legislação de regência. As definições de locação de serviços e locação de móveis vêm-nos do Código Civil e, aí, o legislador complementar, embora de forma desnecessária e que somente pode ser tomada como pedagógica, fez constar no Código Tributário o seguinte preceito:

> Art. 110. A lei tributária não pode alterar a definição, o conteúdo e o alcance de institutos, conceitos e formas de direitos privado, utilizados, expressa e implicitamente, pela Constituição Federal, pelas Constituições dos Estados, ou pelas Leis Orgânicas do

---

23. Recurso Extraordinário 116.121, Rel. Min. Marco Aurélio Mello. Disponível em: <http://goo.gl/8V6UYn>. Acesso em: 16 maio 2016.

ISS, IOF E INSTITUIÇÕES FINANCEIRAS

Distrito Federal ou dos Municípios, para definir ou limitar competências tributárias.

Em síntese, há de prevalecer a definição de cada instituto, e somente a prestação de serviços, envolvido na via direta o esforço humano, é fato gerador do imposto municipal sobre serviços. Prevalece a ordem natural das coisas cuja força surge insuplantável; prevalecem as balizas constitucionais e legais, a conferirem segurança às relações Estado-contribuinte; prevalece ao fim, a organicidade do próprio Direito, sem a qual tudo será possível no agasalho de interesses do Estado, embora não enquadráveis como primários.[24]

Tenha-se presente, ademais disso, que nem mesmo todas as obrigações de fazer podem render espaço para a exigência do ISS. Efetivamente, obrigações há em que existe um diminuto fazer, sem que possam ter o cunho de prestação de serviços. Deveras, muitas obrigações, alertava Clóvis Beviláqua,

interessam ao credor, sem que possam classificar-se como trabalho, porque o que neles importa é o desenvolvimento da atividade do devedor; são, sim, as vantagens que trazem ao credor, como quando alguém se obriga a prestar fiança a favor de outrem, o trabalho, nesse caso, é insignificante; o valor do fato nasce da possibilidade, que a fiança traz ao afiançado, de realizar a operação jurídica para a qual era exigida essa segurança.[25]

Apoiado na lição de Savigny,[26] ensinava, ainda, que pode

---

24. RE 116.121-3. Rel. Min. Marco Aurélio. Disponível em: <http://goo.gl/8V6UYn>. Acesso em: 16 maio 2016.

25. Clóvis Beviláqua, *Código Civil dos Estados Unidos do Brasil*, comentado, Vol. 5, 10ª edição, atualizada. Rio de Janeiro: Francisco Alves, 1957, p. 18.

26. Cf. M. de Savigny, *Le Droit des obligations*, trad.do alemão, 2 ed., t.1, Paris, Ernest Thorin, Edicteur, 1873, pp. 329/332:
"La prestation positive, comme objet de l'obligation, se présente sous deux formes différentes: comme dation ou comme fait dans la stricte acception du mot.
Par le mot dation, n'ous entendons les prestations qui ont pour but un changement se rapportant au droit des choses, en ce sens que le débiteur doit procurer au créancier la propriété, ou quelque autre doit réel; ou tout au moins l'usage temporaire d'une chose, la simple exercice d'un droit réel. L'expression est donc employée tantôt dans un sens large, tantôt dans un sens étroit. On l'applique même à des actes qui ne se rapportent pas au droit des choses, mais qui doivent simplement augmenter le patrimoine du

21

haver obrigações de fazer que, apesar disso, não estão incluídas na noção de serviços. Para tanto, vale-se de exemplo envolvendo a fiança — mas que se aplica, por inteiro, a institutos

---

créancier en lui attribuant une créance (par exemple par cession), ou même en l libérant d´une dette, opération qu´on peut bien considerer encore comme une augmentation de patrimoine. Quant au fait, il comprend tous les actes qu'on ne peut pas faire rentrer dans la dation d'après le explications que nous venons de donner. Les plus importants de ces actes sont ceux qu'on désigne dunom général de travail, dont l´essence consiste dans le déploiement de forces (intellectuelles ou physiques). Et même le travail, comme objet de l'obligation, a encore le plus souvent pour but l'acquisitión ou la transformation des choses (c), quoique d'un autre côté nous voyions aussi le travail offrir une nature plus personnelle, tel que celui des domestiques. — Mais il y a, comme formant l'objet des obligations, des faits beaucoup plus nombreux, qui ne peuvent aucunement rentrer dans l'idée de travail: co sont surtout les actes multiples et importants, qui engendrent les rapports juridiques, et qui peuvent encore figurer comme objets dos obligations. Loraque, par exemple, quelqu'un promet de fournir un cautionnement pour un tiers, l'essence de cet acte qu'il s'est engagé à accomplir consiste non pas dans le déploiement de forces insigniflant qu'exige la prestation (orale ou écrite) du cautionnement, mais bien plutôt dans la nécessité de conclure l´opération juridique, à laquelle viennent se rattacher d'an côté les risques, de l´autre les avantages, du crédit procuré par le promettant."

Em tradução livre para o português:

"A prestação positiva, como objeto de obrigações, se apresenta sob duas diferentes formas: como um dar ou como um fazer, no sentido estrito dessas palavras.

Entendemos como "dar" as prestações que têm por escopo uma mudança relativa ao direito das coisas, no sentido de que o devedor deve proporcionar ao credor a propriedade ou qualquer outro direito real; ou, ao menos, o uso temporário de uma coisa, ou o simples exercício de um direito real. Assim, o "dar" é empregado tanto no sentido lato como no estrito. O termo deve ser utilizado, inclusive, em relação aos atos que não se referem ao direito das coisas, mas que devem, simplesmente, aumentar o patrimônio do credor, ao atribuir-lhe um crédito (p. ex., pela cessão), ou, ainda, liberá-lo de uma dívida, operação que se pode considerar, também, como aumento de patrimônio. Quanto ao "fazer", compreende todos os atos que não podem ser incluídos no conceito de "dar", segundo as explicações que vimos de expor. Os aspectos *mais importantes* desses atos (de "fazer") são aqueles *indicados* pelo termo *trabalho*, daí constituir, sua essência, no desenvolvimento de *esforços* (intelectuais ou psíquicos). O próprio trabalho, como objeto da obrigação, tem por escopo, comumente, a aquisição ou a transformação das coisas (c), ainda que, por outro lado, o trabalho também apresente uma natureza mais pessoal, como os domésticos. Mas, compondo o objeto de obrigações, há um *grande número* de fazeres que, *de nenhuma forma, integram a noção de trabalho*: sobretudo os múltiplos e relevantes atos que engendram as relações jurídicas e que podem também figurar como objeto das obrigações. Assim, por exemplo, quando alguém promete prestar uma *garantia* para um terceiro, a *essência do ato* pelo qual se obriga *não* consiste nos *insignificantes* esforços exigidos pela prestação (oral ou escrita) da garantia, mas, *sim*, na necessidade de concluir a *operação jurídica à qual se ligam* de um lado os *riscos*, de outro as vantagens, para o promitente da garantia."

ISS, IOF E INSTITUIÇÕES FINANCEIRAS

similares — por não exigir, para sua prestação, desenvolvimento de esforço humano ou trabalho, *verbis*:

> As obrigações de fazer, 'faciendi', são muito numerosas. Abrangem várias modalidades de trabalho, de serviço, além de fatos, que se não podem incluir, como observa Savigny, na ideia de trabalho, porém são atos numerosos e importantes, que se prestam a ser objeto de prestações. Não nos devemos, pois, iludir com a significação comum das palavras. As obrigações de fazer são, muitas vezes, resolvidas em prestações de trabalho por parte do devedor, como acontece nas locações de obras; porém, muitas outras vezes, consistirão num ato ou fato, para cuja execução se não exige um desenvolvimento de força física ou intelectual. Quando alguém promete prestar uma fiança, o exemplo é de Savigny, a essência do ato, objeto da prestação, não consiste no insignificante dispêndio de esforço, que a prestação de fiança possa exigir, mas sim na necessidade de concluir a operação jurídica, a que vem se ligar, de um lado, os riscos, e do outro, as vantagens do crédito fornecido.[27]

J.M. de Carvalho Santos, na mesma linha, invocando Clóvis Beviláqua, expunha com muita clareza a essência das obrigações de fazer que, entretanto, não envolvem prestação de serviços, *verbis*:

> Obrigação de fazer é a que consiste na prestação de fato, tendo por objeto um ou mais atos do devedor. As obrigações de fazer abrangem modalidades várias de atos, sejam trabalhos materiais, sejam intelectuais, sejam atos que interessam ao credor, sem que possam classificar-se como trabalho, porque o que lhes importa... não é o desenvolvimento da atividade do devedor; são, sim, as vantagens que trazem ao credor..."[28]

É inequívoco, destarte, que, naquelas hipóteses em que inexiste qualquer esforço humano, não se pode classificar nunca como obrigação de fazer.

---

27. *Direito das obrigações*, 9ª edição, Rio de Janeiro: Livraria Francisco Alves, 1957, p. 58.

28. *Código Civil Brasileiro Interpretado*, J.M. de Carvalho Santos, vol. XI, 7ª edição, Rio de Janeiro: Livraria Freitas Bastos, 1956, p. 80.

Esforçados nas lições dos expressivos expoentes em direito civil citados, vê-se que fiança, aval, aceites e outras da espécie, ainda que, *ad argumentandum tantum*, se a considerasse "obrigação de fazer", não é decorrência de "esforço humano a terceiros", fator indissociável da prestação de serviços. Assim, qualquer que seja o caminho trilhado, aceites, avais, fianças não configuram prestação de serviços. Efetivamente, conforme prelecionam esses insignes doutrinadores, embora a prestação de serviços caracterize sempre uma obrigação de fazer, nem toda obrigação de fazer reflete prestação de serviço; ou seja, mesmo em face da absurda conclusão de que esses institutos pudessem representar uma obrigação de fazer, e não de dar, não significa que correspondam, como não correspondem, ao conceito de prestação de serviço.

Seria induvidosa, portanto, a inconstitucionalidade da inclusão dessas atividades econômicas como sujeitas ao ISS, dado que a competência do Município para instituir esse imposto abarca apenas o fato-tipo "prestar serviços".

5.1. Considerações adicionais acerca das obrigações de dar e de fazer

Pontes de Miranda ensina que serviço é qualquer prestação de fazer, pois que "servir é prestar atividade a outrem"; é prestar qualquer atividade que se possa considerar "locação de serviços", envolvendo seu conceito apenas a *locatio operarum* e a *locatio operis*. "*Trata-se*" — sublinha esse mestre — "*de dívida de fazer, que o locador assume. O serviço é sua prestação*". Não a integra a *locatio rei*.

Essa lição vem agora explicitada pelo ínclito Ministro Luiz Fux quando, em sua brilhante atuação no Superior Tribunal de Justiça, já sublinhara:

> (...) Prestação de serviço. Conceito pressuposto pela Constituição Federal de 1988. Ampliação do conceito que extravasa o âmbito da violação da legislação infraconstitucional para infirmar a

ISS, IOF E INSTITUIÇÕES FINANCEIRAS

própria competência tributária constitucional. (...) 1. O ISS na sua configuração constitucional incide sobre uma prestação de serviço, cujo conceito pressuposto pela Carta Magna eclipsa *ad substantia obligatio in faciendo*, inconfundível com a denominada obrigação de dar. 2. Outrossim, a Constituição utiliza os conceitos de direito no seu sentido próprio, com que implícita a norma do artigo 110, do CTN, que interdita a alteração da categorização dos institutos. 3. Consectariamente, qualificar como serviço a atividade que não ostenta essa categoria jurídica implica em *(sic)* violação bifronte ao preceito constitucional, porquanto o texto maior a utiliza não só no sentido próprio, como também o faz para o fim de repartição tributária-constitucional (RE 116121/SP). 4. Sob esse enfoque, é impositiva a regra do artigo 156, III, da Constituição Federal de 1988, *verbis*: "Art. 156. Compete aos Municípios instituir impostos sobre: III – serviços de qualquer natureza, não compreendidos no art. 155, II, definidos em lei complementar. (Redação dada pela Emenda Constitucional nº 3, de 1993) (...)." 5. A dicção constitucional, como evidente, não autoriza que a lei complementar inclua no seu bojo atividade que não represente serviço e, a *fortiori*, obrigação de fazer, porque a isso corresponderia franquear a modificação de competência tributária por lei complementar, com violação do pacto federativo, inalterável sequer pelo poder constituinte, posto blindado por cláusula pétrea. 6. O conceito pressuposto pela Constituição Federal de serviço e de obrigação de fazer corresponde aquele emprestado pela teoria geral do direito, segundo o qual o objeto da prestação é uma conduta do obrigado, que em nada se assemelha ao dar e, cujo antecedente necessário é o repasse a outrem de um bem pré-existente, a qualquer título, consoante a homogeneidade da doutrina nacional e alienígena, quer de Direito Privado, quer de Direito Público. (...).[29]

O ISS, portanto, só alcança — e só pode alcançar — a obrigação de fazer, aquela cuja prestação é o próprio serviço do locador, sua atividade de servir. É, enfim, o esforço humano, físico ou intelectual, que desenvolve.

Não se encontrará na doutrina nenhuma dissensão quanto à noção, substancial e elementar, de que serviço traduz, sempre, uma obrigação de fazer. Já expusemos a distinção entre as obrigações de dar e de fazer, concluindo que prestação

---

29. STJ, AgRg no REsp: 953840 RJ, Rel. Min. Luiz Fux, j. 20.08.2009, 1ª T., *DJe* 14.09.2009.

de serviço é necessariamente execução de obrigação de fazer. Alvo de tributação pelo imposto sobre serviços é o esforço humano prestado a terceiros como fim ou objeto.

6. Contratos comutativos e contratos aleatórios

Resulta da Constituição que a prestação de serviço se origine sempre de um contrato comutativo. Vale dizer, daquele cujas prestações sejam equivalentes. É sabido que os contratos onerosos desdobram-se entre comutativos e aleatórios. Os primeiros têm por traço característico a certeza relativamente às prestações e equivalência, ou seja, equilíbrio entre sacrifício e vantagem. Os segundos têm por timbre a incerteza a que se submetem, eis que podem culminar tanto com ganho como com perda. Seguem a esteira da previsão do Código Civil francês, em virtude da possibilidade de ganho ou de perda para qualquer das partes. O traço distintivo entre os contratos comutativos e os aleatórios é que naqueles há correspondência entre prestação e contraprestação, enquanto nestes, essa equivalência não existe: ou não há nenhuma, ou, pelo menos, lhes falta uma razoável proporcionalidade.

Na lição sempre precisa de Washington de Barros Monteiro: "Comutativo é o contrato em que cada uma das partes, além de receber da outra prestação equivalente à sua, pode apreciar imediatamente essa equivalência".[30] É o caso da compra e venda, em que se equivalem geralmente as prestações dos dois contratantes, que bem podem aferir, *ab initio*, a equivalência.

Já o contrato aleatório é aquele em que as prestações de uma ou de ambas as partes são incertas, porque a sua quantidade ou extensão está na dependência de um fato futuro e imprevisível (álea) e pode redundar numa perda, em vez de lucro. Aquele consagrado Professor ensina que "a palavra

---

30. *Curso de direito civil* – Obrigações, 2ª parte Contratos, 5ª ed., São Paulo: Saraiva, 1967, p. 30.

ISS, IOF E INSTITUIÇÕES FINANCEIRAS

'aleatório' vem do latim 'alea', que quer dizer sorte, êxito, azar, perigo, incerteza da fortuna, ato ou empresa dependente do acaso ou do destino (...)."[31] Ressalta, ainda, que o traço característico dos contratos aleatórios é o risco a que se acham igualmente sujeitos ambos os contratantes, citando, como exemplo, o contrato de seguro, no qual os contratantes estão sujeitos a um acontecimento ignorado e incerto.

Também a doutrina de J. M. Carvalho Santos expõe que o contrato aleatório se distingue do contrato comutativo porque "(...) neste o equivalente é fixado pelas partes e não está sujeito a variações, no aleatório, pode resultar para um ou outro contratante perda ou vantagem, cuja importância é desconhecida." E exemplifica, ressaltando que "O contrato de seguro é aleatório, porque o lucro ou perda para uma das partes depende do risco, que é um acontecimento incerto. (...)."[32]

Sendo da própria natureza do contrato de prestação de serviços a equivalência entre as partes, ele é obrigatoriamente um contrato comutativo. Só este pode estar subjacente a uma prestação de serviços. Contrato que assim não possa ser classificado jamais poderá dizer respeito a uma prestação de serviços. Em outras palavras, contratos aleatórios,[33] de que são paradigmas, entre outros, o jogo, o aval, o aceite, a fiança, jamais poderão enfeixar uma prestação de serviços, que são absolutamente incompatíveis com essas entidades.

Compartilha desse mesmo entendimento o professor José Souto Maior Borges. São suas as seguintes lições:

---

31. *Op.cit.*, nota anterior, p. 31

32. *Direito das obrigações.* 9ª ed., Rio de Janeiro: Livraria Francisco Alves, 1957, p. 58.

33. Ora bem. De um lado, aquele que contrata um seguro saúde pode vir a valer-se dele meses após, sendo ressarcido de dispêndios elevados, embora tenha pagado apenas uns poucos prêmios. Inversamente, poderá ter pagado muitos prêmios, embora não tenha tido que recorrer aos reembolsos prometidos pelo contrato celebrado. É o quanto basta para evidenciar a presença marcante da álea.

AIRES F. BARRETO

> Outra característica importante dos contratos de prestação de serviço é a sua comutatividade: presta-se o serviço a alguém (o tomador) e este alguém de conseguinte o remunera (isto é, ao prestador do serviço). Daí deriva a conclusão de que a álea é incompatível – salvo hipóteses excepcionais – como os contratos de risco – com os contratos de prestação de serviço. [34]

O Poder Judiciário, guardião e garante da lei e dos princípios constitucionais, de há muito assentou jurisprudência consagrando essa linha doutrinária no que respeita ao ISS, como se viu do aresto já transcrito, em que o eminente Ministro Marco Aurélio — brilhante demonstração da incansável atuação da nossa Excelsa Corte, como guardiã da supremacia da Constituição Federal – afirma a eficácia e confere efetividade às balizas constitucionais, decisivas em matéria tributária, para a preservação de interesses públicos primários, garantindo, concretamente, a segurança dos administrados nas suas relações com o Estado.

Seu dignificante voto – expressão eloquente do resultado da interpretação sistemática do direito – é indispensável para a percepção e respeito aos limites antepostos pela Constituição ao exercício do poder estatal. Como antes ressaltamos, nisso reside a importância do esforço exegético tendo por base as regras e princípios constitucionais, inclusive, como no caso, para desvendar o conteúdo, o sentido e o alcance do conceito constitucional de serviço, pelo qual a Constituição Federal identifica e circunscreve a faixa da competência tributária que outorgou aos Municípios para impor o Imposto sobre Serviços.

7. Polissemia do vocábulo "tarifa"

É inviável cuidar do tema a que nos propusemos sem incursionar, ainda que perfunctoriamente, sobre o conteúdo do

---

34. José Souto Maior Borges. Parecer sobre a não incidência do ISS, na emissão de bilhetes de apostas pelo Jockey Club de São Paulo, Recife: 1992, pp.12,14 e 16 (inédito).

vocábulo "tarifa". Essa palavra tem sido utilizada como panaceia para todos os males. A grande dúvida está em saber se a utilização do vocábulo "tarifa" é, por si só, suficiente para caracterizar a remuneração decorrente de uma prestação de serviços, de competência dos Municípios. Preliminarmente, cabe ponderar que, conforme explica Paulo de Barros Carvalho, a palavra isoladamente considerada nada mais é do que um signo de linguagem, assim entendido como o suporte físico de um sistema que permite a comunicação entre pessoas. É, portanto, um ente que tem o *status* lógico de relação, como defende o citado jurista, *verbis:*

> O suporte físico da linguagem idiomática é a palavra falada (...) ou a palavra escrita (...). Esse dado, que integra a relação sígnica, como o próprio nome indica, tem natureza física, material. Refere-se a algo do mundo exterior ou interior, da existência concreta ou imaginária, atual ou passada, que é seu significado; e suscita em nossa mente uma noção, ideia ou conceito, que chamamos de "significação".[35]

Nos corpos de linguagem, a interação ocorre num contexto extremamente complexo, vez que há inúmeras possibilidades de utilização das palavras individualmente consideradas, e, logo, um vasto leque de significações.

Nesse sentido, deve-se ter em conta que, no presente caso, o termo "tarifa" é polissêmico, isto é, não possui uma única significação. Ao contrário, pode ser utilizado com distintas acepções, tanto na linguagem vulgar quanto no âmbito jurídico. Assemelha-se – quanto a possuir vários significados – a palavras outras como tributo ou emolumento.

A origem da palavra "tarifa" vem da expressão árabe *Ta'rif*, significando fazer constar ou anunciar. Comumente, o vocábulo "tarifa" é utilizado como, ao menos, seis acepções, dentre elas:

---

35. *Direito tributário:* linguagem e método. 6ª ed., São Paulo: Noeses, 2015, p. 34.

1. Tabela de direitos a que estão sujeitas as mercadorias importadas e exportadas. 2. Registro que indica o valor corrente da moeda. 3. Tabela que registra o valor ou o preço de uma coisa. 4. Tabela de preços de transporte de cargas por qualquer via: tarifa ferroviária, rodoviária. 5. Tabela de valores cobrados por correspondência e volumes remetidos pelo correio. 6. Catálogo de mercadorias, com preços correntes por unidade ou espécie; lista de preços. Segundo a tarifa: segundo as praxes ou o costume.[36]

O que se observa, na linguagem vulgarmente empregada, é que o termo "tarifa" é utilizado como sinônimo de "rol", "tabela" ou "catálogo", podendo referir-se a direitos, valores, mercadorias ou preços.

Cumpre destacar, porém, que as palavras usadas na linguagem comum também podem traduzir uma realidade do Direito positivado, isto é, o conjunto de normas jurídicas estabelecidas por meio de uma linguagem consubstanciada em regras prescritivas. Nessa esteira, a norma jurídica nada mais é do que o juízo despertado pela leitura de tais regras naquele que as lê.

Tal característica permite que, em sistemas jurídicos fundados no direito positivo, um único texto normativo possa dar origem a diferentes significações, de acordo com o entendimento que o leitor faça dos termos utilizados pelo legislador.

Assim, para que se compreenda corretamente o sentido de uma norma jurídica e não haja distorções quanto à sua aplicação, mister se faz que o intérprete saia da significação, base do texto normativo, e procure a de natureza contextual, de acordo com os objetivos daquele que a propôs.

É bem por isso que Eros Grau lembra que, de acordo com o contexto, a mesma palavra pode designar diferentes fatos, propriedades ou objetos. É dizer, diferentes os contextos, a conotação também será distinta.

---

36. Definição do *Dicionário Michaellis*. Disponível em: <http://goo.gl/b5gMKq>. Acesso em: 16 maio 2016.

Nessa esteira, a palavra "tarifa", pode assumir diversos sentidos jurídicos, de acordo com o contexto no qual foi empregada. Nas palavras de Florence Haret, "'tarifa', termo originário do Direito Financeiro, expressa não a singularidade do preço da coisa, mas uma pluralidade, ao estilo de uma tabela, de valores."[37]

Outrossim, o termo em destaque pode ser utilizado no âmbito do Direito Administrativo como sinônimo de "preço público", assim conceituado pela autora:

> (...) preço ou tarifa pública é o valor devido pelo usuário como contraprestação de serviço público genérico praticado por ente parafiscal ou empresa pública em exploração de atividade econômica, cobrado não compulsoriamente em regime jurídico de direito privado, segundo política tarifária decorrente de uma concessão de serviço público.[38]

Daí já se vê que, no âmbito tributário, não poderia ser diferente. Equivale a dizer que não é suficiente para caracterizar a incidência de um tributo a simples utilização de vocábulo "tarifa", sendo necessário que tal palavra traduza a hipótese devidamente prevista pelo legislador. O saudoso mestre Geraldo Ataliba não se cansava de advertir para o fato de que:

> Enquanto não ocorra o fato descrito na hipótese, o mandamento fica em suspenso, não incidindo. (...) Averiguar-se em cada caso, se ocorreu fato subsumido à hipótese é fundamental, para apurar-se se houve ou não incidência do mandamento.[39]

Assim, considerando que o vocábulo "tarifa" possui significado bastante amplo – seja na linguagem vulgar, seja na linguagem prescritiva do direito – descabe afirmar a incidência

---

37. "Taxa e Preço Público: por uma reavaliação do conceito de tributo e definição das espécies tributárias. Publicado no portal eletrônico do Instituto IDEA". Disponível em: <http://goo.gl/es7adi>. Acesso em: 16 maio 2016.

38. *Idem.*

39. *Hipótese de incidência tributária.* 6. ed. São Paulo: Malheiros, 2003, p. 42.

do ISS pelo simples fato de sua utilização nos contratos de fiança bancária. Ao contrário, para que se possa incidir tributo, faz-se necessária a previsão legal do fato por ele praticado como serviço tributável, independentemente de denominação.

Nos corpos de linguagem, a interação ocorre num contexto extremamente complexo, vez que há inúmeras possibilidades de utilização das palavras individualmente consideradas, e um vasto leque de significações.

Vê-se, portanto, que o termo "tarifa" possui vários significados a depender do contexto no qual utilizado. Pode ser utilizado como sinônimo de "rol", "tabela" ou "catálogo", referindo-se a direitos, custos, valores, rendas, produtos, mercadorias ou preços.

A palavra, ao entrar para o mundo jurídico por intermédio da linguagem prescritiva do direito, também poderá apresentar mais de um significado, a depender da interpretação da norma jurídica, que nada mais é do que o juízo despertado pela leitura por aquele que a interpreta.

Assim, deparamo-nos com duas justificativas primordiais para afastar o entendimento de que a simples utilização do termo "tarifa" seria bastante para se concluir pela incidência do tributo municipal. A polissemia do vocábulo "tarifa" — seja na linguagem vulgar, seja na linguagem prescritiva do direito — que faz com que o termo possa ser utilizado com tantos diferentes significados, afasta, por si só, o juízo de que a sua presença seria bastante para haver a incidência do ISS; e a incidência tributária ocorrerá infalivelmente apenas e somente quando o fato supostamente tributário estiver previsto na hipótese de incidência como serviço tributável, independentemente da denominação que se lhe atribua.

8. Atividade-meio e serviço-fim

Outro pressuposto fundamental para discernir os fatos constitutivos de operações financeiras, creditícias, cambiárias,

ISS, IOF E INSTITUIÇÕES FINANCEIRAS

securitárias (IOF) e prestação de serviços (ISS) das ações que viabilizam umas e outra é a distinção entre (a) atividade-meio e operação financeira fim e (b) atividade-meio e prestação de serviços-fim.

É incrível que muitos autores não consigam constatar e diferenciar dois fatos absolutamente distintos: o primeiro, constitutivo do fim ou do objeto contratado; o segundo, representativo de um ato, fato, ou até mesmo obra que objetiva alcançar aquele fim que fora contratado. Uma coisa é o fim objeto do contrato; outra, bem diversa, é o meio, que viabiliza aquele fim. Por não vislumbrarem essa flagrante diferença, misturam, confundem e, por fim, equiparam simples tarefas-meio com prestação de serviços ou operação financeira. Por não vê-los maldosos, queremos crer que na sua simplicidade ingênua, não distinguem a consistência do esforço humano prestado a outrem, sob regime de direito privado, com conteúdo econômico, das ações intermediárias que tornam possível esse "fazer para terceiros", ou não estremam ações- meio das operações financeiras.

A multiplicidade de concretas ações humanas, tais como a de conceber, idealizar, projetar, programar, organizar, executar, administrar, gerenciar, fiscalizar, controlar, e de tantas outras, cuja apresentação se dá mercê de datilografia, digitação, impressão, fotocópia, encadernação, gravação, filmagem, envelopamento, expedição, são, muitas vezes, apenas configuradoras de atos, fatos ou obras meramente constitutivos de etapas necessárias para alcançar um fim. É incontornável – em que pese disso muitos não se deem conta – que alcançar um fim qualquer exija, empírica ou cientificamente, atividades de planejamento, organização, administração, controle e todas as demais antes referidas, nada obstante essas ações nada têm a ver com o objeto a ser atingido. São meros passos, ações, tarefas necessárias para atingir o fim perseguido. Qualquer que seja a atividade considerada, todas elas, com maior ou menor intensidade, requerem, sempre, a realização de planejamento, organização, administração, controle, e muitas outras, sem que elas sejam objetivo, o desiderato que se pretende alcançar. Tome-se como exemplo a atividade do advogado. Esse profissional, para prestar os serviços de advocacia (sujeitos ao ISS), tem, entre outras coisas, que "planejar" o teor e o desenrolar dos seus argumentos na petição que elabora, tem que "organizar" as tarefas em seu escritório, tem que "administrar" seus recursos humanos e financeiros, tem que "controlar" os gastos da sua banca, tem que "fiscalizar" o cumprimento dos prazos, tem que "arquivar" cópias de suas petições e dos documentos e papéis dos seus clientes, ou ainda, digitalizá-los para armazená-los na nuvem (era digital). Para tanto, tem que "organizar" seus arquivos, "criar" fichários, "datilografar", "digitar", "produzir cópias ou xerocópias", "digitalizar" documentos, "envelopar", "expedir", "arquivar" papéis e documentos, "elaborar" relatórios, "remeter" correspondências e mais uma enorme gama de atividades necessárias à consecução da finalidade a que se dedica. Dessa imensidão de atos, nenhum deles constitui o objeto, o fim da sua atividade, que é, tão só, a prestação de serviços de advocacia. Ninguém, em sã consciência, dirá que o advogado presta serviços de organização, planejamento, controle, fiscalização. Também não dirá que ele presta serviços de datilografia, de digitação, de reprodução, de expedição, de envelopamento, e assim por diante.

Não é da ontologia das atividades ser meio ou fim. Qualquer atividade pode constituir-se em meio ou fim, dependendo do contexto em que se situa. Deveras, muitas vezes, as mesmas ações humanas antes focalizadas não mais se caracterizam como atividades condicionantes da concretização de um fim, mas demarcam, ao revés, o próprio objeto colimado. Nesses casos, a razão última dessas ações é a sua própria produção, conforme o caso, como operação (de crédito) ou como prestação (de serviço).

9. Marco divisório

Evidenciada a diferença entre as duas situações, é necessário estabelecer um critério que constitua o marco divisório para estremar as duas variáveis: meio ou fim. Concluir por estar-se diante da presença de uma ou de outra resulta do contexto em que ocorre a atividade. Ou se tem atividade desenvolvida em benefício próprio, como requisito, condição (sofisticação ou requinte) para a produção de operação creditícia ou atuação visando a produzir uma utilidade qualquer para terceiros, caracterizando ações meio; se, todavia, essas mesmas ações ou atividades constituírem o fim ou objetivo colimado, isto é, se elas, em si mesmas consideradas, refletirem a operação ou a prestação que se porá à disposição de outrem, ter-se-á, então, uma operação (creditícia) ou uma prestação (de serviços) fim.

Os equívocos cometidos por certos autores são mais frequentes diante do imposto municipal. Não tomam em conta que alvo da tributação é o esforço humano prestado a terceiros como fim ou objeto e não as suas etapas, passos ou tarefas intermediárias, necessárias à obtenção do fim. Não a ação desenvolvida como requisito ou condição do *facere* (fato jurídico posto no núcleo da hipótese de incidência desse imposto), mas aquelas que traduzem a sua finalidade. Diante do IOF, o erro, embora menos usual, está em não diferençar o objetivo desejado (a operação creditícia) das ações acessórias, subsidiárias (ou meios) que a tornam possível.

Num e noutro caso, as etapas, passos, processos, tarefas, obras, são feitas, promovidas, realizadas "para" o próprio promovente da operação ou da prestação de serviços e não "para terceiros", ainda que estes os aproveitem (já que, aproveitando-se do resultado final, beneficiam-se das condições que o tornaram possível).

Em se tratando de ISS, esse equívoco, facilmente desfeito, costuma decorrer da frequente menção ou registro dessas etapas ou tarefas como constitutivas de obrigações do prestador. São elas, porém, mera indicação, explicitação, ou especificação das técnicas, processos ou deveres a serem observados na busca do *facere*, vale dizer, do serviço a ser prestado. Em outras palavras, meros pressupostos do esforço humano que o prestador se propõe a realizar, de acordo com o objeto do contrato.

Exemplifiquemos: o fato de um diagnóstico médico vir a ser datilografado ou conferido numericamente, com base em programa de computador, não transformará a atividade médica em prestação de serviços de datilografia ou de computação, que seguirá sendo, apenas e tão só, de serviço médico. Se cláusula impuser ao prestador de serviços de administração de imóveis a elaboração de demonstrativos contábeis de receitas e despesas, nem por isso se estará a prestar serviços contábeis; seu fazer esgota-se nos serviços de administração. Os demonstrativos serão meios, requisitos, condições (ou até sofisticações dispensáveis) para a prestação do único serviço contratado: administrar imóveis de terceiros.

Diferente não será diante de operações creditícias, sujeitas ao IOF. As atuações ou intervenções que apenas subsidiam a que tem por objeto (a operação creditícia) são singelas atividades-meio, dela dependentes ou a ela subordinadas.

Salvo exceções, para essas atividades-meio não há cobrança de valor ou preço; todavia, mesmo quando para elas é destacado um valor ou preço, essas "ações meio" nem por isso se transformam em "ações-fim". O serviço médico não assume outra natureza pelo simples fato de os resultados de diagnósticos serem fornecidos verbalmente, datilografados ou por listagem de computador, mesmo que para os últimos houvesse uma cobrança adicional e específica de tantos reais. O parecer jurídico não se transmudará em serviço de diversa natureza – mesmo que haja cláusula fixando a cobrança adicional de certa quantia – na hipótese de vir a ser entregue impresso ou encadernado. Não cabe cogitar, aí, de prestação de serviço de "impressão" ou de "encadernação", pelo jurisconsulto. O mesmo se dá diante da operação financeira.

ISS, IOF E INSTITUIÇÕES FINANCEIRAS

Despropósitos desse jaez emergem, cristalinos, quando a hipótese tomada diz respeito a mero requinte ou a sofisticação dispensável. E mais evidentes ficam, quando as ações representam requisitos inamovíveis da operação creditícia ou da prestação dos serviços.

Não se olvide, ainda, que também não se pode tomar as partes pelo todo. Tanto mais em se tratando de serviços tributados pelo ISS, cuja hipótese de incidência refere, expressamente, gêneros de atividades econômicas constitutivas de serviços, perfeitamente discriminados em diferentes subitens normativamente desdobrados. Deveras, as leis municipais, ao descreverem os serviços, tributados pelo imposto, discriminam-nos, perfeitamente, em subitens específicos. Desse modo, coíbem a indeterminação; obrigam os órgãos fiscais a perquirirem a efetiva natureza do serviço prestado; impedem que atividades-meio sejam tomadas em conta, em lugar do serviço integralmente considerado.

Vale o mesmo para as operações creditícias. Não pode a lei, e muito menos o ato administrativo, transmudar a atividade-meio em operação fim. Só cabe o IOF quando a operação dessa natureza constituir o objeto do contrato (o serviço fim).

Em conclusão: somente podem ser tomadas, para sujeição ao ISS (e ao IOF), as atividades entendidas como fim, correspondentes à operação ou à prestação de serviço integralmente considerados. No caso específico do ISS, não se pode decompor um serviço – porque previsto, em sua integridade, no respectivo subitem específico da lista da lei municipal – nas várias ações-meio que o integram, para pretender tributá-las separadamente, isoladamente, como se cada uma delas correspondesse a um serviço autônomo, independente. Isso seria uma aberração jurídica, além de constituir-se em desconsideração à hipótese de incidência desse imposto.

Entende-se que os leigos em direito não alcancem a fenomenologia jurídica estudada. Não percebem que a lei se aplica a fatos jurídicos e não a fatos brutos, na sua realidade

AIRES F. BARRETO

ontológica, histórica, concreta. Fato jurídico é o fato qualificado, à luz das normas jurídicas, para suportar a incidência dessas mesmas normas. O direito regula a própria criação e aplicação (Lourival Vilanova).

Daí ser imperativo distinguir, dentre as atividades, quais as que se qualificam como operação financeira ou como serviço e quais configuram simples atividades-meio, ou condições para a operação creditícia ou para a prestação do serviço.

As asserções desenvolvidas não são fruto exclusivo das conclusões doutrinárias, mas estão em absoluta conformidade com lições externadas pelo Poder Judiciário. Sobre a matéria, a orientação jurisprudencial é firme e reiterada, como se pode verificar dos seguintes julgados:

> A pretensão da Municipalidade, porém, é improcedente. Os serviços de carga de descarga da mercadoria, seu armazenamento para remanejamento, sua arrumação e empilhamento no armazém ou no veículo de transporte, inclusive com uso de guindaste ou empilhadeiras, quando prestados pela própria empresa de transporte, integram a prestação de serviços de transportes, não podendo ser deles destacados para efeito da aplicação do imposto sobre serviços.[40]

> No sistema tributário considera-se causa geradora de um tributo, a conduta definitiva em lei e compatível com a finalidade precípua e essencial do produtor, ou do comerciante, ou do prestador de serviços porque em todas as fases da produção, ou da comercialização há serviços nas atividades-meio e às vezes mercadorias na prestação. Basta lembrar das (sic) diversas e diferentes[41] adotadas pelos comerciantes para mais e melhor negociar; alguns entregam mercadorias a domicílio, vários não; há estabelecimentos que dispõem de requintados e sofisticados serviços de atendimento a público, existindo os que só adotam o sistema self service; paga-se pelo preço do produto ou da mercadoria, apesar de existir venda de serviços integrando-o em maior ou

---

40. Apelação 246.876, de Santos. Acórdão unânime da Segunda Câmara, de 16 de agosto de 1978.

41. Nota do editorial: a transcrição está conforme o julgado. Nele, está faltando a complementação das "diversas e diferentes".

ISS, IOF E INSTITUIÇÕES FINANCEIRAS

menor intensidade, mas sempre de natureza secundária, como atividade-meio. Nessas compras e vendas, conquanto o serviço seja um componente do preço da mercadoria e por isso vendido também, o ISS não incide.

O jurista que emite um parecer vende o serviço, mas no preço também está incluído o do papel de alta qualidade sobre o qual foi escrito e entregue ao Emitente do cartão. Todavia, a venda do papel a cliente não interessa para o campo de incidência, mas sim a do serviço.

Tais considerações prestam-se à demonstração da absorção das atividades-meio pela atividade-fim que é aquela a ser considerada como geradora do fato imponível.[42]

(...) em razão de suas atividades serem atividades-meio e não atividade-fim (serviços de formação de administração de grupos de consórcios.[43]

Ementa: Tributário. Recurso Especial. Alínea "a". ISS. Serviços Bancários. Lei Complementar n° 56/87. Lista de Serviços Anexa Ao Decreto-lei n° 406/68. Itens 95 e 96. Interpretação Extensiva. A Lista de Serviços anexa ao Decreto-lei n° 406/68, que estabelece quais serviços sofrem a incidência do ISS, comporta interpretação extensiva, para abarcar os serviços correlatos àqueles previstos expressamente, uma vez que, conforme ponderado pela ilustre Ministra Eliana Calmon, se assim não fosse, ter-se-ia, pela simples mudança de nomenclatura de um serviço, a incidência ou não do ISS aplica-se ao serviço de cobrança de títulos descontados, não tendo incidência sobre as atividades de abertura de crédito, de adiantamento a depositantes, de compensação de cheques e de título e de saque no caixa eletrônico. Recurso especial parcialmente provido, com a devida vênia do voto da insigne Relatora.[44]

---

42. Uniformização de Jurisprudência 27.430-0-01, da Comarca de Santos.

43. Apelação. 445.189-6, da Comarca de Lins, 8ª Câmara do 1° TAC [extinto]. V.u,; v. também "JTACSP", ed. *RT* 119/251-255, relatado pelo eminente Juiz Silvio Marques.

44. STJ, REsp. 325344 PR 2001/0067335-1, Rel. Min. Eliana Calmon, j. 07.11.2002, 2ª T., *DJ* 08.09.2003, p. 271.

AIRES F. BARRETO

Ementa: Tributário. ISS. Serviços Acessórios Prestados por Bancos. Não incidência. Lista Anexa ao Decreto-lei n° 406/68. Taxatividade. Os serviços bancários não incluídos na lista anexa ao Decreto-lei n° 406/68 não possuem caráter autônomo, pois inserem-se *(sic)* no elenco das operações bancárias originárias, executadas, de forma acessória, no propósito de viabilizar o desempenho das atividades-fim inerentes às instituições financeiras. A lista de serviços anexa ao Decreto-lei n° 406/68 é taxativa, não se admitindo, em relação a ela, o recurso a analogia, visando a alcançar hipóteses de incidência diversas das ali consignadas. Precedentes. Recurso improvido, sem discrepância.[45]

Sobreleva extrair desses importantes julgados o prestígio que o Superior Tribunal de Justiça atribui à atividade meio, destacando que elas não possuem caráter autônomo, inserindo-as no rol das operações bancárias originárias, porque executadas, de forma acessória, no propósito de viabilizar o desempenho das atividades-fim inerentes às instituições financeiras.

A nossa Suprema Corte também prestigia a distinção, negando a imposição de ISS sobre atividades-meio, como se fossem serviços autônomos, averbando:

> Nem se pode subsumir na línea 14 da lista, alusiva à "datilografia, estenografia e expediente", eis que, nos estabelecimentos bancários, **tais atividades apenas correspondem a meios de prestação dos serviços e não a estes próprios**, que consistem na coleta e confronto de dados financeiros e administrativos.
>
> O item "expediente" desperta idêntica recusa. É apenas a expressão de serviço variado, prestado no exercício de **atividades-meio do comércio bancário, que,** como diz o acórdão recorrido, **"não chegam a constituir um serviço próprio, autônomo".**[46]

Não é cabível, pois, que uma minoria doutrinária siga recusando a distinção entre atividade-meio e atividade-fim, uma vez que, no âmbito do Poder Judiciário, a separação entre as

---

45. STJ, REsp. 69986, Min. Demócrito Reinaldo, *DJ* 31.05.1999.

46. Trecho do voto vencedor proferido pelo Ministro relator, Décio Miranda, no RE 97.804-SP, v.u., *RTJ* 111/696.

duas segue reiterada e iterativamente demarcada.

Essa separação entre as duas é precisamente demarcada no acórdão do Supremo, acima referido, no sentido de que só podem ser tomadas, para fins de incidência do ISS, as atividades desempenhadas como fim, correspondentes à prestação de um serviço integralmente considerado em cada subitem. Não se pode decompor um serviço — porque previsto, em sua integridade, no respectivo subitem específico da lista da lei municipal — nas várias ações-meio que o integram para pretender tributá-las separadamente, isoladamente, como se cada uma delas correspondesse a um serviço autônomo, independente. Isso implicaria desconsiderar a hipótese de incidência do ISS, tal como descrita na lista da lei municipal.

Embora não se tenha logrado encontrar decisões relativamente ao IOF, estamos convictos de que a jurisprudência nessa matéria seguirá a trilha firme e escorreita fixada para o ISS.

10. Prestação de serviço e prestação de garantia

É mais comum do que se supõe a atuação das instituições financeiras visando a possibilitar a realização de certo negócio por terceiros, cuja ultimação supõe precisamente que alguém garanta que o devedor honre o compromisso assumido na data aprazada, sob pena de o garante vir a fazê-lo. Trata-se de alguém que atua como garantidor de uma transação efetuada por terceiros.

Os valores a serem percebidos pelo garantidor não decorrem de "esforço humano a terceiros..." mas, apenas e tão só, de remuneração pela assunção do risco de ter, eventualmente, que suportar a liquidação da obrigação assumida por terceiro a quem garante, caso este não o faça.

Como veremos com mais detalhes ao comentar os subitens da lista, não há aí nenhuma prestação de serviços, mas de operação presidida pela álea, subordinada à eventual incidência do IOF.

11. Ingresso, receita e receita bruta

Se determinado imposto incide sobre a receita é inexorável que se busquem todos os componentes que a informam. Se isto não for feito, põe-se em risco a própria base de cálculo do tributo e com isso se o torna inexigível, pela ausência de subsunção do fato à norma.

Não compartilhamos de entendimento de que para se ter receita tem que haver acréscimo patrimonial. Há receita também quando há equilíbrio com o custo (despesa) e bem assim há receita se o produto do ingresso, que se incorpora ao patrimônio de forma definitiva, é menor do que a despesa (o custo havido para a sua obtenção).

Por receita deve-se entender a soma em dinheiro que a empresa recebe e que se destina a suportar as despesas que ela tem, na busca dos seus fins.

O fato de ser receita o montante que incrementa o patrimônio não significa dizer que a quantia deva sempre superar a despesa havida, que pode ser maior, ensejando prejuízo. Em outras palavras, em se tratando de valor positivo que naquele momento acresce o patrimônio, tem-se receita, mesmo que, logo após, ou mesmo momentos antes, tenha causado queda do patrimônio, em virtude de desfalque do valor recebido.

José Antonio Minatel, em seu excelente *Conteúdo do conceito de receita e regime jurídico para a sua tributação*,[47] explica que nem todos os valores que transitam pelo patrimônio da pessoa jurídica acabam por integrá-lo:

> O mesmo acontece com os valores recebidos na qualidade de mandatário, por conta e ordem de terceiros, ou recebidos a título

---

47. São Paulo: MP Editora, 2005, p. 100.

de empréstimo, de depósito de caução. Há momentânea disponibilidade, é inegável, mas não com o definitivo *animus rem sib'i* de titular, de dono, de proprietário, e sim com o *animus* de devedor, de responsável, de obrigado.

A lista de serviços que acompanha a Lei Complementar 116/2003, no item 15 (que, por sua vez, se desdobra em 18 subitens), destina-se a enumerar os vários tipos de serviços que seriam desenvolvidos pelas instituições financeiras, na medida em que não representariam típicas atividades bancárias.

O que se vê, porém, é bem diverso. Muitos dos "pseudosserviços" são, em verdade, verdadeiras operações de natureza creditícia. O só fato de tratar-se de "operações" afasta, inelutavelmente, qualquer possibilidade de se tratar de prestação de serviços.

Na descrição do item (15), a lista pretende alcançar "serviços relacionados ao setor bancário ou financeiro, inclusive aqueles prestados por instituições financeiras autorizadas a funcionar pela União ou por quem de direito. Pretendem os Municípios, porém, promover interpretação que dê extrema amplitude a esse texto, de molde a abranger uma imensa gama de operações financeiras, insuscetíveis de serem alcançadas pelo ISS.

Esse desvio decorre de três circunstâncias: a primeira, resultante do fato de que se trata de tributo cuja arrecadação não tem maior significado para a União, havendo quem o classifique como imposto meramente regulatório, por oposição a arrecadatório. A segunda, possibilitada pela primeira, resulta do fato de que — já que a União por ele não se interessa — os Municípios incursionam sobre o seu campo, invadindo área a ela reservada, sem serem molestados. A terceira, facilitada pelas duas anteriores, é fruto de serem as leis complementares, que versam acerca do ISS, elaboradas pelo lobby dos Municípios, que conseguem enfiar "goela abaixo" dos congressistas tudo o que encaminham. Em virtude desse descalabro, tudo passa a ser serviço.

AIRES F. BARRETO

Por despropositado que possa parecer, desconsideram-se, inclusive, as circunstâncias de que, entre outras operações, é da índole e da essência das instituições financeiras[48] a realização das operações creditícias ou as relativas a câmbio, seguro, títulos e valores mobiliários. São multifários os negócios (atos jurídicos) realizados pelas instituições financeiras, de natureza creditícia, envolvendo operações de crédito propriamente ditas, como os empréstimos, e bem assim outras tantas, como, exemplificativamente, as relativas à captação de recursos, descontos, mútuos de recursos financeiros,[49] câmbio, títulos, operações de "faturização" e outras relativas a valores mobiliários.

Nas palavras de Carvalho de Mendonça,[50] denomina-se operação de crédito quando "alguém efetua uma prestação presente, contra a promessa de uma prestação futura". Esse notável doutrinador acresce que a "operação de crédito por excelência é a em que a prestação se faz e a contraprestação se promete em dinheiro." A seu turno, lembra Rubens Requião[51] que o crédito "importa um ato de fé, de confiança, do credor". À luz dessas lições, Raquel Novaes e Marco Antonio Behrndt[52] puderam concluir que "operações de crédito, em sentido amplo, seriam todos os negócios jurídicos em que alguém efetua uma prestação presente, confiando em uma contraprestação futura."

---

48. A menção a instituições financeiras resulta de ser essa expressão mais abrangente do que a simples menção a estabelecimentos bancários. É dizer, instituição financeira é gênero da qual a bancária é espécie. Sobreleva é que umas e outras devem estar autorizadas a funcionar pelo Banco Central.

49. O STJ já decidiu que, de acordo com a Lei 9.779/99, em seu art. 13, é fato gerador do IOF operações de crédito correspondentes a mútuo de recursos financeiros entre pessoas jurídicas e não a específica operação de mútuo" (REsp. 1.239.101, 2ª T., Rel. Min. Mauro Campbell Marques, *DJ* 19.09.2011).

50. MENDONÇA, José Xavier Carvalho de. *Tratado de direito comercial brasileiro*, 4ª ed., Rio de Janeiro: Freitas Bastos, 1947, vol. V. 2ª parte, p. 51.

51. REQUIÃO, Rubens. *Curso de direito comercial*, 26ª edição, vol. 2, Saraiva: São Paulo, 2009, p. 380.

52. NOVAIS, Raquel e BEHRNDT, Marco Antonio. A não incidência do IOF nos contratos de conta corrente entre empresas do mesmo grupo – Análise da decisão do STJ no REsp. 1.239.101/RJ.

ISS, IOF E INSTITUIÇÕES FINANCEIRAS

A concretização desses negócios jurídicos só pode dar-se depois de realizada uma série de outros atos sem os quais aqueles não se realizariam. É incontornável, pois, ter presente que operação de crédito não é apenas o negócio jurídico fundamental, mas envolve todos aqueloutros que o viabilizam. Por isso, para que não se incorra no erro de considerar sujeito ao IOF apenas e tão só o que reflete a prestação presente, é preciso que se lhe agregue todos os outros que o viabilizam.

Com efeito, uma série de atos praticados pelas instituições financeiras não se constituem no objeto, propriamente dito, que elas perseguem. Nada obstante, esse objeto não pode ser alcançado sem a pré-existência desses atos que o viabilizam. Rigorosamente, não seria correto denominá-los de negócios jurídicos, eis que realizados pelo e para o próprio promotor da operação creditícia. São atuações que tornam possível o objetivo colimado, mas não se constituem em operação, posto desenvolvidas em prol do próprio operador, sem envolver terceiros. São imprescindíveis para a concretização da operação creditícia, mas não tem nenhuma autonomia, não subsistem senão para tornar possível o *desideratum* perseguido pela instituição. São as por nós denominadas de atividades-meio.[53] Tome-se, como exemplo, o talão de cheques. Sua emissão só tem sentido para a movimentação de conta bancária, objetivando o resgate de valores aplicados ou mantidos em conta corrente. Sem a existência da atividade financeira, sem a variável creditícia, o talão de nada serve. Sua emissão é apenas uma atividade-meio que possibilita a concretização da operação fim, que é o negócio creditício. Pouco importa se há algum pagamento para a sua emissão pela instituição financeira. O pagamento de alguma quantia para a sua emissão não tem o condão de dissociar a emissão do talão de cheques da operação-fim creditícia.

---

53. Sobre o conceito e caracteres das atividades-meio, ver nosso Atividade-meio e serviço-fim, in *Revista Dialética de Direito Tributário* nº 5, 19, pp. 81-82.

Destarte, as operações creditícias têm claramente duas linhas de conteúdo: (a) a que constitui o seu objeto (que denominamos de operação fim) e (b) a que abrange todos os meios que a viabilizam (atividades-meio).

Além delas, outras existem, de cunho subsidiário, secundário, isto é, sem autonomia. São apenas negócios jurídicos periféricos, sem independência, que atuam como simples atalhos para chegar-se ao fim da estrada, esta sim, a meta buscada. Desta natureza são, por exemplo, a custódia de títulos.

Por essa razão, estamos convencidos de que não deixam de integrar a operação de crédito tanto as atividades-meio que a tornam possível como os negócios jurídicos periféricos, subsidiários, secundários, sem autonomia ou independência. Dito de outra forma: não deixam de configurar operação creditícia, financeira, auxiliadoras que são da operação financeira, sem nenhum ponto de contato com o campo de incidência do ISS, do qual não fazem parte.

As atividades financeiras caracterizam-se pela movimentação de valores mobiliários, cuja remuneração é variável em função do risco, do tempo da aplicação e do montante negociado.

Cravados esses alicerces, já se pode examinar, com vagar, os subitens do item 15, da Lei Complementar 116/2003, estremando o que é serviço de atividades que não o são e bem assim indicar aquelas que se subsumem ao IOF, ao ISS ou a nenhum deles, como é o caso da locação de bens móveis.

12. Descontos condicionados e descontos incondicionados

Já vimos que a base de cálculo do ISS é a receita bruta a ele relativa, sem qualquer dedução.

Receita é a entrada que se integra ao patrimônio da empresa, acrescendo-o, incrementando-o. As entradas que não correspondam a incrementos financeiros próprios são

ISS, IOF E INSTITUIÇÕES FINANCEIRAS

contabilizadas de modo a refletir sua natureza. É dizer, os repasses, reembolsos e rateios são contabilizados de maneira a deixar patente sua natureza.

Se para a válida tributação é necessário que haja incremento patrimonial – *receita* – não são todos e quaisquer incrementos do patrimônio que podem compor a base de cálculo do ISS. Ante a vinculação da hipótese normativa às disposições advindas da Constituição Federal e da legislação complementar, apenas receitas que decorram da prestação de serviços (contraprestação pelo serviço prestado) podem integrar a base de cálculo do ISS, porque representativas de incremento patrimonial dela (prestação) decorrente.

Portanto, a lei, ao referir-se ao "preço do serviço", não pode impor – se o fizer será inconstitucional – sejam alcançadas quaisquer receitas, haja vista que o termo "preço" vincula-se umbilicalmente à prestação de serviço que lhe deu causa. Desse modo, o termo *"sem deduções"* não pode ser interpretado de modo a permitir a inclusão, na base de cálculo do ISS, daquilo que não corresponda à contraprestação pelo serviço prestado.

Diante do fato de que é a receita (bruta) a base de cálculo do ISS, se não há receita, não pode haver ISS. Assim, pouco importa se o desconto é condicionado ou incondicionado; o que sobreleva é apenas ter havido, ou não, receita. Se certo serviço foi contratado por R$ 1.200,00, mas concedeu-se um desconto de R$ 200,00, a quantia que ingressou no caixa foi R$ 1.000,00. Esta é a receita bruta obtida na espécie. Se o desconto concedido foi condicionado a determinadas condições ou incondicionado, pouco importa; a única receita efetivamente auferida foi de R$ 1.000,00 e somente sobre ela poderá ser apurado o ISS.

É equivocada a absorção, pela legislação do ISS, de certos dispositivos que compõem a hipótese de incidência do ICM (sem o *S*). De fato, a base de cálculo do ICM (sem o *S*) é o valor da operação. A base de cálculo do ISS é o preço, ou seja, o valor transformado em cifra. Naquele, faz sentido dizer que só não são considerados os descontos incondicionados; neste, não.

13. Subordinação da lei complementar à Constituição Federal

Sendo a Constituição a norma fundante e todas as demais, normas fundadas, é curial que essa subordinação alcance toda e qualquer matéria cuja regulação deva ser feita pela lei complementar que, inegavelmente, é norma infraconstitucional. Em matéria tributária, ademais, a Constituição exige uma consonância de maior ou mais intenso grau, dado que suas normas, especialmente em matéria de impostos, são minudentes, delimitando, de forma esgotante, o arquétipo constitucional de cada uma dessas exações.

É por essa simples, mas insuperável razão que não é possível concluir que a lei complementar, em relação à Constituição Federal, não esteja sujeita às mesmas injunções da lei ordinária. Em decorrência das normas constitucionais, sistematicamente interpretadas, é, de fato, irrecusável a conclusão de que o legislador infraconstitucional, inclusive o complementar, deverá ater-se, rigorosamente, à predefinição constitucional do tributo, sob pena de editar norma inválida por alargar ou reduzir a faixa da competência tributária outorgada pela Constituição Federal, o que poderia implicar, inclusive, o rompimento do pacto federativo.

Admitir possa a lei complementar ampliar ou circunscrever as faixas de competência traçadas pela Constituição – pondo contornos bem nítidos para circunscrever a extensão e a largueza de cada uma – equivale a aceitar haja licença para que um dos entes políticos tenha proeminência sobre os demais, podendo dispor sobre suas competências, quebrando o pacto federativo, cujo pressuposto é a igualdade dos seus celebrantes, que haurem suas competências diretamente da Constituição Federal.

ISS, IOF E INSTITUIÇÕES FINANCEIRAS

Em suma, é noção elementar a de que as leis complementares são, igualmente, suscetíveis de "controle de constitucionalidade", pelos mesmos métodos e segundo critérios idênticos aos aplicáveis a toda e qualquer norma da nossa ordenação jurídica, fundada na Constituição (conforme as doutrinas de Aliomar Baleeiro, Manoel Gonçalves Ferreira Filho, José Afonso da Silva, José Souto Maior Borges).

Essas balizas constitucionais moldam o estatuto do contribuinte e, primordialmente, têm por efeito primeiro o proporcionar-lhe segurança jurídica, por desenharem o arquétipo do tributo a ser criado, de tal modo que, ao decidirem-se pela exploração de determinada atividade econômica, podem, desde logo, identificar os gravames que, a título de tributo, recairão sobre a atuação escolhida ou cogitada.

Tem-se, pois, que a obrigatória vinculação do legislador complementar – tal como o ordinário – às disposições e princípios constitucionais atinentes ao imposto que versará, constitui garantia do administrado quanto aos limites antepostos (positiva ou negativamente) à abrangência da norma que disporá sobre a parcela do seu patrimônio que deverá ser transferida para os cofres públicos, a título de tributo.

Efeitos de tal ordem – proporcionar, ao administrado, um significativo grau de certeza sobre os tributos que, em favor do poder público, desfalcarão seu patrimônio e suas rendas, sobremodo as obtidas pelo desempenho de atividades econômicas – é fácil ver, evidenciam os parâmetros pelos quais o administrado poderá verificar, de modo específico, o cumprimento, pelo legislador e pelo agente administrativo, das exigências ditadas pelos princípios constitucionais que delimitam o raio de atuação dentro do qual deverá conter-se o ente tributante, para instituir, validamente, o tributo.

Disso resulta que, em si mesmas, as diretrizes constitucionais sobre o exercício da competência tributária outorgada pelo Texto Magno constituem eficaz garantia que ele, desde logo, outorga ao administrado segurança, quanto à inviolabilidade dos direitos que titulariza, por força das normas e dos princípios nele inscritos.

Em outros termos, é a própria Constituição que torna possível ao administrado prefigurar, com segurança, onde e como a norma instituidora do tributo alcançará seus limites, que, transpassados, importarão criação de tributo inválido, à luz das suas normas e princípios que, expressamente, consagra e promete garantir.

Esclareça-se que a doutrina e a jurisprudência coadjuvam, decisivamente, para expor, com maior clareza, o âmbito do direito de o contribuinte proteger seu patrimônio econômico (*lato sensu*) contra os excessos ou desvios do legislador e da Administração, ante os parâmetros das normas constitucionais que autorizam o Estado a dele retirar parcelas do patrimônio privado, para abastecer seus cofres. E isto porque — como já se pode entrever do que até aqui foi exposto — não raras vezes, o trabalho exegético de sacar das normas jurídicas suas implicações ou efeitos, verificando a influência que sofrem das demais normas, requer conhecimento de noções propedêuticas da ciência do direito e familiaridade com as técnicas e a linguagem do direito.

Em suma, é partindo do Texto Magno que a dinâmica do relacionamento entre o administrado e os poderes públicos pode, e deve, sempre, movimentar-se, no sentido da busca concreta da justiça na direção que conduz ao prestígio da Constituição, para que prevaleçam os direitos fundamentais nela inscritos.

Nesse passo, cabendo enfatizar o requisito da lei prévia, editada pelo titular da competência tributária, como condição de validade do seu exercício, é de rigor fixar as noções acerca do princípio da estrita legalidade, em matéria tributária.

14. A taxatividade da lista de serviços anexa à Lei Complementar 116/2003

Aqui chegados, é preciso relembrar que a CF prevê que os serviços tributáveis pelo ISS sejam definidos em lei complementar. A seu turno, é por todos sabido que a lei complementar, a pretexto de definir os serviços tributáveis pelo imposto municipal, adotou sistema de listar as diferentes espécies ou tipos de serviços que poderiam ser erigidos em hipótese de incidência do ISS.

Independentemente da nossa posição doutrinária sobre os limites da lei complementar e sua compatibilidade com os princípios da rigidez constitucional, o certo é que o Poder Judiciário consagrou a interpretação que conclui não só por ser a lista de serviços harmônica com a Constituição Federal, como, também, que ela é exaustiva, taxativa. Portanto, segundo a sólida e firme jurisprudência sobre a matéria, somente podem ser tributados, por via de ISS, os serviços que constarem da lista editada pela lei complementar (atualmente, vige a Lei Complementar 116/2003).[54] Isso, evidentemente, circunscreveu o espectro dos serviços tributáveis por esse imposto municipal, daí terem os estudiosos desse tema escrito muitas laudas para demonstrar a incompatibilidade de tal sistema com o Texto Constitucional, sobretudo em face das características do sistema tributário por ele delineado.

Deve merecer destaque, também, o registro de que a tese da taxatividade da lista é, de há muito, remansosa, pacífica. Deveras, recebeu ela o aval de conspícuos doutrinadores, destacando-se as figuras ilustres de Rubens Gomes de Sousa, Aliomar Baleeiro, Pontes de Miranda, José Afonso da Silva, Carlos Medeiros Silva, Carlos da Rocha Guimarães, Victor Nunes Leal, Manoel Lourenço dos Santos.

---

54. Lei Complementar 116/2003 – Disponível em: <http://goo.gl/EbJVum>. Acesso em: 17 maio 2016.

A trilha esposada por esses doutrinadores foi absorvida e incorporada pela jurisprudência que, caudalosa, firme e reiteradamente, assentou a taxatividade da lista, bastando, *brevitatis causae*, referir vetustas decisões, sem embargos atuais, do Pleno do Supremo Tribunal Federal, quais sejam: RE 71.177-SP, ac. de 18.04.1974, Tribunal Pleno, Rel. Ministro Rodrigues Alckmin, *RTJ* 70/121, e RE 77.183-SP, ac. de 19.04.1974, Tribunal Pleno, Rel. Ministro Aliomar Baleeiro, *RTJ* 73/490. Na mesma linha, arestos mais recentes, consubstanciados nos RE 450. 342. AgR., Segunda Turma. Rel. Ministro Celso de Mello, julgado em 05.09.2006, e RE 615580 RG., Rel. Ministra Ellen Gracie, julgado em 13.08.2010 e publicado em 20.08.2010.

Quanto à questão da interpretação da lista, passou a jurisprudência a se manifestar no sentido de admitir-se a *interpretação extensiva* dos subitens da lista, conforme a natureza jurídica do serviço prestado, independentemente do nome que se lhe dê. O E. STJ, nos autos do Recurso Especial 1.111.234/PR, submetido à sistemática dos Recursos Repetitivos, ao reconhecer a taxatividade da lista de serviços e asseverar que a mesma admite interpretação extensiva, deixou claro que tal interpretação extensiva não tem o condão de alcançar atividades cuja natureza (essência) não esteja prevista na lista. A interpretação extensiva só é admitida para alcançar atividades contratadas sob denominação diversa daquela que consta na lista; ou seja, o serviço, por sua natureza considerado, deve estar previsto na lista.

Essa advertência está contida no voto da Min. Rel. Eliana Calmon, *in verbis*:

> Nesta oportunidade, é preciso registrar que embora não possa o STJ imiscuir-se na análise de cada um dos itens dos serviços, é preciso que as instâncias ordinárias, a quem compete a averiguação dos tipos de serviço que podem ser tributados pelo ISS, na interpretação extensiva, devendo-se observar que os serviços prestados, mesmo com nomenclaturas diferentes, devem ser perqueridos quanto à substância de cada um deles. Assim, a incidência dependerá da demonstração da pertinência dos serviços concretamente prestados, aos constantes da Lista de Serviços,

ISS, IOF E INSTITUIÇÕES FINANCEIRAS

como aliás o fez o acórdão recorrido. Com essas considerações, nego provimento ao recurso especial.

Portanto, a interpretação extensiva da lista de serviços não pode servir de justificativa para que a tributação recaia sobre o que serviço não é. Se a lista é taxativa, os serviços ali relacionados devem ser respeitados.

Em suma, a lista de serviços de qualquer natureza, desde a que acompanhou o Decreto-lei 406/68,[55] até a última, a aprovada pela Lei Complementar 116/2003, mercê do entendimento judicial, segue sendo taxativa, encerra *numerus clausus*: a prestação dos serviços que não venha descrita na lista que a acompanha não pode ser tributada pelos Municípios.

Nessa esteira, tem-se, à luz do entendimento dos tribunais pátrios, o necessário atendimento a dois principais requisitos para a válida incidência e cobrança do ISS: (i) tratar-se, efetivamente, de *serviço*, para o que se exige a existência de *obrigação de fazer* a constituir a finalidade da contratação (atividade-fim) e (ii) estar esse serviço listado na lei complementar do ISS, a qual admite *interpretação extensiva* de seus subitens, respeitada a essência, a natureza dos serviços ali elencados.

---

55. Decreto-lei 46/68 - Disponível em: <http://goo.gl/uW95yy>. Acesso em: 17 maio 2016.

PARTE II
A LISTA DE SERVIÇOS DA LEI
COMPLEMENTAR 116/2003

Cravados esses pressupostos, já estamos apetrechados para examinar e concluir pela subsunção das atividades descritas nessa lista, em face da Constituição, ao ISS e ao IOF. Já vimos que não basta estar certa atividade descrita na lista. É preciso antes alçar a vista à Constituição. E, mantendo os olhos nela postos, verificar se se trata de operações financeiras ou de prestação de serviços. No nível infraconstitucional, pretende-se que a estremação entre operações financeiras (abrangendo a creditícia, de câmbio, de seguro e bem assim as relativas a títulos ou a valores mobiliários) e prestações de serviços esteja claramente demarcada pela lei complementar. Assim não é, todavia. Não se olvide que uma das funções da lei complementar é a de dispor sobre conflitos de competência entre União, Estados membros, Distrito Federal e Municípios. Para cumprir essa incumbência, vige, nos dias atuais, a Lei Complementar 116/2003, que, no pertinente às atividades desenvolvidas pelas instituições financeiras, em desmedido apetite, e afrontando a Constituição, seguidas vezes, quer pô-las, praticamente todas, sob a eufemística capa de serviços, esquecendo-se, fundamentalmente, de que se faz incontornável estar defronte de efetivo esforço humano a terceiros, com conteúdo econômico, sob regime de direito privado, mas sem subordinação, tendente a produzir uma utilidade material ou imaterial, ou seja, de uma "prestação" de serviços, e não de outros tipos de prestação (como a de garantia) ou de operações financeiras principais ou a elas subordinadas.

Para nosso conforto, o Poder Judiciário vem escoimando esses lamentáveis equívocos, imprimindo, com firmeza, o primado do Direito e a observância ao sistema e aos seus princípios.

15. Os subitens da lista da Lei Complementar 116/2003

Isso posto, passemos ao exame dos vários subitens que constituem o item 15 que, substancialmente, versam as atividades praticadas pelas instituições financeiras. Não se pretende esgotar as várias ações que podem ser praticadas por bancos e por outras instituições financeiras. Focalizamos, ao que nos parece, as áreas de suas principais atuações. Conforme veremos, na maioria das vezes, têm-se atividades que, nada obstante integrativas da lista, não são serviços e não podem ser tratadas como tal.

Vejamos cada uma delas.

15.1 Administração de fundos quaisquer, de consórcio, de cartão de crédito ou débito e congêneres, de carteira de clientes, de cheques pré-datados e congêneres

Para analisar este subitem com segurança, convém desdobrá-lo. Versemos, inicialmente, a administração de fundos quaisquer, de cartão de crédito ou débito e congêneres e da carteira de clientes. Trata-se do que chamamos de administração imprópria, isto é, que não é desenvolvida para terceiros, mas em favor da própria instituição. Dito de outra forma.

ISS, IOF E INSTITUIÇÕES FINANCEIRAS

Há administração, mas não há "serviços de administração". Admite-se, no máximo, que a administração de cheques pré-datados possa vir a se constituir em serviço, tributável pelo ISS.

Lembre-se que administrar não é apenas gerir os negócios de terceiros, mas, também, a dos próprios bens ou direitos. Assim, desde a concepção até a conclusão, abrangendo as atividades de coordenação, de supervisão, de gerenciamento, de execução, de fiscalização e controle, a administração pode ser feita tanto para terceiros, como para si mesmo. Nesta hipótese, como é o caso das atividades descritas no subitem 15.01 (exceto, como visto, no caso de cheques pré-datados), são as ações desenvolvidas em favor da própria instituição. Há administração, mas não há prestação de serviços dessa natureza. Logo, não podem ser alcançados pelo imposto municipal, à míngua da realização do seu fato gerador.

Uns poucos Municípios pretendem que, na espécie, em vez de IOF (se fosse o caso), caberia ISS. Como nesse caso a atividade sequer figura na lista, tem-se que, se por absurdo fosse, essa atuação configurasse serviço, não constaria ela da lista, tornando inviável a exigência do imposto municipal.

Tem-se, pois, presente um anteparo adicional. Fosse possível – o que não é – em tese, caber ISS diante das atividades desenvolvidas pela emitente do cartão, a exigência não poderia prosperar, considerando que a lista de serviços é taxativa e que a atividade por ela realizada nela não figura, nem mesmo se aproximando de qualquer de suas descrições, o que se registra para afastar qualquer possibilidade de que, por meio de interpretação extensiva, se pudesse chegar a um subitem que, com aderência capilar, pudesse refletir sua atuação.

Todavia, mesmo que figurasse da lista, não se poderia exigir ISS, porque não se tem nenhuma prestação de serviço, nenhuma obrigação de fazer, nenhum contrato comutativo, nenhum, enfim, dos requisitos insuperáveis para a incidência do tributo municipal. Cuidemos de demonstrar essas assertivas.

É sabido que os emissores de cartão atuam por meio de uma extensa e diversificada rede. Diante disso, engendraram atividade em que introduzem uma moeda virtual por intermédio da qual tornam possível que os seus participantes acumulem prêmios, ao realizarem as suas compras e promoverem seus resgates. Os benefícios oferecidos incluem, entre outros, passagens aéreas, bens eletroeletrônicos, aluguéis de veículos e diárias de hotéis.

O oferecimento de benefícios aos detentores dos cartões proporciona receitas advindas do *spread*, isto é, da diferença entre o preço dos prêmios, vendidos aos parceiros, e a compra dos produtos e serviços resgatados e entregues aos participantes. Além delas, ocorrem outras receitas financeiras decorrentes do montante de juros auferidos decorrentes de aplicações financeiras, realizadas em fundos de investimento, no intervalo havido entre o recebimento dos valores havidos pela venda dos prêmios e o seu dispêndio para a compra dos produtos resgatados pelos participantes. Finalmente, também auferem receitas com o *breakage*, isto é, com aquelas havidas em virtude da expiração do prazo de validade dos prêmios não utilizados pelos participantes durante o prazo previsto para a sua vigência.[56] Com efeito, os participantes devem usar esses prêmios em certo prazo. Se não o fizerem, perdem-nos.

Diferentemente da moeda oficial – cuja validade em princípio não possui limitações no tempo – esses "prêmios" têm validez restrita a período adrede fixado, após o qual não mais poderão ser utilizados, por terem perdido sua validade. A perda de validade (do prêmio) ocorre na hipótese de a sua utilização para resgate não ocorrer no prazo fixado em contrato. Assim, a não utilização dentro desse interregno implica seu perdimento. Não resgatados os prêmios, em virtude do esgotamento do prazo, a emitente do cartão também auferirá receita, denominada *breakage*, pelo fato de que deixa de ser

---

56. Por exemplo, 12, 24, 36 meses.

uma obrigação da emitente do cartão quitar o preço do produto ou serviço que tenha sido resgatado pelo participante.

Exposto esse panorama, vamos nos deter sobre essa atividade definida como outorga de "prêmios", para – à luz das normas que discriminam as competências tributárias e dos princípios basilares que a Constituição Federal consagra – concluir sobre sua não subsunção ao conceito constitucional de serviço ou, mais precisamente, ao conceito de "prestação de serviço".

Visando a definir a natureza jurídica dessa atividade-fim a que se dedica, entre outras, a emissora do cartão, é necessário versar outro ponto, tendo por cerne o Direito Monetário ou, mais especificamente, questões envolvendo a moeda e o dinheiro.

Sob o título de *Direito monetário e tributação da moeda*, Roberto Quiroga, em excelente obra sobre o tema, deixa claro que a denominação "Direito Monetário" está consagrada não só no exterior, como no Brasil. Neste, não faz muito, Arnoldo Wald empregou a expressão dando-a como subsistema do Direito Econômico, que, por sua vez, é subsistema do Direito Constitucional.

O "Direito Monetário" assenta-se, pois, fundamentalmente, na Constituição de 1988. É no seu interior que vêm descritos os princípios informadores desse ramo didático do Direito. É nele, também, que vamos encontrar as regras jurídicas básicas dispondo sobre a moeda. Cuida, a Norma Fundante – como designa a Constituição, o Professor José Afonso da Silva – de cravar os alicerces do Direito Monetário, começando por dispor, em seu art. 192, sobre a forma e os fins a serem observados pela lei complementar na estruturação do sistema financeiro nacional.

No pertinente às competências, também é na Constituição que devemos buscar os destinatários que poderão exercê-las, quando forem referidas à matéria monetária. Veja-se, desde logo, o disposto no seu art. 21 (incisos VII e VIII), que atribui à União Federal competência para emitir moeda nacional, para administrar as reservas cambiais do País e fiscalizar as operações de natureza financeira, especialmente as de crédito, câmbio e capitalização. Atente-se, ainda, para o que dispõe o art. 22 (incisos VI, VII e XIX), ao dispor ser de atribuição privativa da União tratar tanto do sistema monetário como da política de crédito, câmbio e transferência de valores e dos sistemas de poupança, captação e garantia da poupança popular.

Registre-se, de outra parte, que o art. 48 procede à demarcação das competências do Congresso Nacional para dispor sobre todas as matérias de competência da União, especialmente sobre operações de crédito, dívida pública e monetária, instituições financeiras e suas operações, como se vê do seu inciso XIII e, mais especificamente em seu inciso XIV, sobre moeda, seus limites de emissão e montante da dívida mobiliária federal.

Já o art. 164, também do Texto Supremo, para enclausurar nas mãos da União a competência para emitir moeda, exige que o Banco Central o faça com exclusividade, estabelecendo vedações e limites ao Bacen relativamente à concessão, direta ou indireta, de empréstimos ao Tesouro Nacional e a qualquer órgão ou entidade que não seja instituição financeira. E não é só: o §2º desse artigo autoriza o Banco Central a comprar e vender títulos de emissão do Tesouro Nacional, com vistas a regular a oferta de moeda ou a taxa de juros. Não fora o bastante, o §3º desse mesmo dispositivo estabelece que, ressalvados os casos previstos em lei, as disponibilidades de caixa da União serão depositadas no Banco Central; as dos Estados, do Distrito Federal, dos Municípios e dos órgãos ou entidades do Poder Público e das empresas por ele controladas, em instituições financeiras oficiais.

É quanto basta para evidenciar que o intérprete que pretender versar o tema moeda e dinheiro, para não resvalar em erro, tem, obrigatoriamente, que iniciar seu exame pelo Direito Constitucional.

ISS, IOF E INSTITUIÇÕES FINANCEIRAS

Valendo-nos do conceito formulado por Roberto Quiroga, para quem o Direito Monetário é "o conjunto de normas jurídicas que disciplinam a moeda em todas as suas acepções", agregando "um plexo de comandos normativos que regulam os comportamentos humanos decorrentes da utilização da moeda em suas múltiplas funções,"[57] já se pode adiantar que as questões relativas à moeda têm importância vital para o encaminhamento e conclusões deste trabalho.

Advirta-se antes que Arnoldo Wald lembrou, com propriedade, que o Direito Monetário representa o conjunto de normas aplicáveis à moeda, assim entendida em suas duas acepções, quais sejam:

> a) moeda de liquidação: instrumento de pagamento abrangendo o curso legal e o curso forçado; e b) unidade de conta: denominador comum de valores, valorímetro, "ponte entre o passado e o futuro", catalisador das transações no tempo, abrangendo, pois, os índices ou indexadores.[58]

Objeto das relações humanas, a moeda (entre nós, o Real) surge como instrumento universalmente aceito, para intermediar as transações de troca que se verificam na sociedade. É por meio dela que realizamos o suprimento de nossas necessidades. Moeda é o mecanismo engendrado pelo homem para satisfazer suas necessidades, tornando célere a concretização de locação de bens móveis e a movimentação de bens e serviços entre as comunidades.

A Lei 9.069/95,[59] que versa a regulamentação do Sistema Monetário Nacional, estabeleceu como nossa unidade monetária o "real". Essa é a única moeda legal vigente no país. É

---

57. *Direito monetário e tributação da moeda*, São Paulo: Dialética, 2008, p. 37.

58. *Aspectos Jurídicos da Reforma Monetária in* Seminário. Aspectos Jurídicos e Econômicos do Crédito Imobiliário. CEDES Centro de Debates e Estudos do Tribunal de Alçada Cível do Rio de Janeiro. Angra do Reis Setembro – 1994, p. 29. Disponível em: <http://www.abecip.org.br/imagens/conteudo/publicacoes_e_artigos/anais_seminario_angra_dos_reis_09_1994.pdf>. Acesso em: 23 fev. 2016.

59. Lei 9.069/95 – Disponível em: <http://goo.gl/eJTKV6>. Acesso em: 17 maio 2016.

monopólio do Estado a emissão de moeda, por intermédio do Banco Central. É ao Conselho Monetário Nacional (órgão do Bacen) que foi dada a função de realizar o chamado lastreamento do real e a administração das reservas internacionais vinculadas. O real se apresenta em três variáveis, quais sejam, o papel, o plástico e o metal. Todas são aceitas pelas comunidades, em razão da confiança que lhes são depositadas. De há muito deixa de ser relevante o material em que confeccionadas, prevalecendo os fatores aceitação e confiança. Ganham força por constituírem reserva de valor, atuarem como meio de pagamento e, ademais disso, serem aceitas por seu valor de troca, a partir de um denominador comum. Em outras palavras, são moedas físicas, as confeccionadas, seja em plástico, papel ou metal. São todas notas de dinheiro, independentemente do material em que produzidas, utilizáveis com vistas a quitar obrigações e receber créditos e direitos na sociedade. Atuam essas moedas como instrumento de pagamento na economia.

Ao lado da moeda legal que circula entre nós, existe a denominada moeda escritural. Nesse caso, o conteúdo físico se altera, perdendo sua tangibilidade, é dizer, desmaterializa-se, senão totalmente, ao menos em parte. Essa modalidade de moeda passa a caracterizar-se como elemento contábil a ser empregado pelas entidades componentes do Sistema Financeiro Nacional, em especial no âmbito da contabilidade das instituições financeiras. Sua circulação se dá exclusivamente no interior do mercado interbancário. Trata-se, pois, de moeda que circula restritamente; tem-se, no caso, utilização de moeda privativa, cuja circulação se restringe a um recinto circunscrito. Está-se diante de verdadeira moeda especial e específica ou ainda, como já a chamaram, de moeda particular.

Como ensina Roberto Quiroga:

> As moedas escriturais, portanto, são os depósitos à vista existentes nos bancos comerciais ou com carteira comercial. Em verdade, essa espécie de moeda representa lançamentos

ISS, IOF E INSTITUIÇÕES FINANCEIRAS

contábeis efetivados na escrituração dos bancos antes mencionados. Tais moedas não existem fisicamente e não são emitidas pelo Banco Central do Brasil. [60]

Salvo raras exceções, a doutrina, ao versar o tema moeda, assevera que conceituá-la é missão difícil, eis que o termo comporta várias acepções. De fato, como preleciona Tiago Machado Cortez, o termo moeda apresenta várias significações. Quando alguém faz menção ao vocábulo moeda, o ouvinte, em princípio, fica em dúvida quanto à conotação com que está sendo utilizado o termo. Deveras, quem ouve não sabe se o termo foi empregado no sentido de uma moeda concreta, constante de uma nota, ou de uma moeda metálica. Também pode referir-se à moeda nacional de forma apenas abstrata, ou, diversamente, estar aludindo ao fato de que, entre nós, a moeda oficial é o real. Mas não é só. Pode, quem fala, estar versando o termo moeda como unidade monetária, é dizer, estar a referir-se aos valores monetários vigorantes, tanto no atinente aos preços das mercadorias, como os constantes das contabilidades das empresas, em seus demonstrativos e balanços.

Por isso, já se deu por certo que melhor é valer-se da expressão "sistema monetário", porquanto esses termos abarcariam todas essas variáveis, de modo que para existir um sistema monetário é necessária a presença de dois elementos, quais sejam, (a) a unidade monetária, atuando dentro (b) do Sistema Monetário Nacional.

Diante desse quadro, pode-se definir dinheiro como uma magnitude concreta estabelecida a partir de um critério abstrato, que é a moeda. Melhor dizendo, os objetos que se entregam ou são recebidos, são representativos de uma fração de um critério matemático abstrato. Assim, o dinheiro é magnitude concretamente considerada, mensurada a partir de um critério matemático utilizado para medir as coisas. A moeda é,

---

60. *Direito monetário e tributação da moeda*, São Paulo: Dialética, 2008, p. 48.

assim, critério abstrato; o dinheiro, a tradução dessa magnitude abstrata. É mera referência a ser adotada no uso corrente do dinheiro. Como unidade ideal, a moeda representa um padrão ou referência para medir o valor das coisas, enquanto o dinheiro é a mensuração das realidades, obtidas a partir desse critério abstrato.

Consoante as lições de Nussbaum, dinheiro não é aceito pelo que representa fisicamente, mas sim pela sua aptidão para funcionar como meio de troca entre as coisas. Melhor dito, é pela sua qualidade que possibilita funcionar como fração diante das "coisas que, no comércio, se entregam e recebem, não como o que fisicamente representa, senão somente como fração, equivalente ou múltiplo (x vezes) de uma unidade ideal."[61] Esse autor deixa claro que sobreleva não o material ou materiais que compõem o dinheiro, mas a unidade de medida que representa, denominada "unidade ideal". O que sobreleva é tratar-se de qualificação jurídica que atribui a determinada coisa uma unidade matemática de mensuração. Trata-se de uma atribuição jurídica que imputa a um determinado objeto o símbolo da respectiva unidade. É essa qualidade da atribuição efetuada pelo Direito que possibilita tenha essa unidade de valor frações inferiores ou superiores a um, dando à moeda diferentes valorizações.

Dinheiro (ou moeda) é padrão de unidade, definido com conteúdo, forma e especificações ditadas pela lei, como meio de troca de todas as coisas, aceito e circulante no Estado soberano em que utilizado, de modo que é reconhecido pela sociedade como meio idôneo para outorgar direitos e extinguir obrigações.

Como o termo "dinheiro" abrange tanto o dinheiro nacional como o dinheiro estrangeiro, para Pontes de Miranda

---

61. Arthur Nussbaum, *Derecho monetário nacional e internacional:* estudio comparado en el linde del derecho y de la economia. Trad. de Alberto D. Shoo, Buenos Aires: Arayu, s.d.

o termo aludido apresenta uma série de incertezas terminológicas; daí porque expressa o entendimento no sentido de que:

> O que se sabe é que o dinheiro é coisa fungível e serve à vida de relações econômicas, com certa abstração do valor intrínseco. Porém isso não basta. Já se distingue de muitas coisas fungíveis em que o valor de matéria não é o que o determina, ainda levado em conta o fator trabalho: não é o metal em que se cunhou, nem o mérito do esforço artístico, que concorre para que ele valha; tão pouco, a substância com que foi feito, posto que essa substância possa valer por si. Não raro se põe de lado o valor do dinheiro amoedado, porque vale mais a coisa fungível que ele e do que ele como dinheiro. Há, nele, indicação, que lhe confere valor seu, num sistema de signos monetários, a partir de unidade ideal de valor. Na tela célebre, o valor da pintura é real, no sentido de que é o valor que as coisas obtêm, pelo que fisicamente representam, e a pintura é o valor físico. Na cédula de dinheiro, não: o valor do papel ou do que ele fisicamente represente é inconfundível com o valor ideal que se lhe confere como dinheiro, que nele se exprime, vale tantas vezes a unidade ideal, que o Estado adotou, – o real, no Brasil, de que tiramos a unidade, também ideal, que foi o mil-réis e, hoje, é o cruzeiro (o real). É indiscutível se se faz mister referência de tal unidade a algo de quantidade metálica. Juridicamente, a polêmica é sem interesse." [62] (Esclarecemos).

Logo a seguir, Pontes de Miranda deixa claro que dever juridicamente a prestação em dinheiro "é dever de dar determinada quantidade de unidade ideal de valores conduzidos (ou incorporados) pelo dinheiro",[63] de sorte que, para tanto, cabe ao Direito prever que essa unidade referencial proceda ao desempenho dessa função. Não é por outra razão que a doutrina insiste no realçar que o conceito de dinheiro ou de moeda corresponde àquilo que a lei disser que é.

Delimitadas, assim, aquelas que nos parecem ser as peculiaridades da moeda (ou do dinheiro), já se pode sistematizá-las, a breve trecho, destacando o que se segue.

---

62. *Tratado de Direito Privado*, Tomo XXII, 3ª ed., São Paulo: Ed. RT, 1984, p. 95.

63. Idem, Tomo XLV.

Moeda legal é regra de Direito. Aceitar essa afirmação implica reconhecer que, nesse sentido, moeda é norma, é estrutura de linguagem prescritiva. Trata-se, assim, da característica fundamental do conceito de moeda. Já vimos que o Direito Monetário tem estatura provinda diretamente da Constituição. Mais que assento na lei, é na Constituição que se encontra o arcabouço do seu delineamento. É assente, quase que à unanimidade, que moeda é o que o Direito definir que é.

A expressão curso legal é utilizada para significar que as pessoas de uma determinada comunidade têm a obrigação de aceitá-la (não podendo recusá-la) como meio de pagamento de deveres e obrigações. O curso legal da moeda decorre da previsão legal em que se estabelece que os cidadãos das respectivas comunidades estão obrigados a aceitar a moeda como meio de pagamento e extinção das obrigações.

No dizer de Nussbaum, a moeda de curso legal "é aquela que o credor não pode recusar juridicamente em pagamento na hipótese desta ser oferecida pelo devedor em cumprimento de sua obrigação".[64] Esse autor adverte, porém, que, embora difiram curso legal e curso forçado, essas duas especificidades da moeda andam juntas como corda e caçamba. Assim, tem-se que atuam, concomitantemente, o curso legal e o curso forçado: aquele significando que a moeda tem que ser aceita, não podendo ser recusada como meio de pagamento; este assegurando que a moeda é inconversível, não sendo possível obrigar a sua troca em metais preciosos ou em outros ativos de expressão financeira.

É próprio da moeda a sua fungibilidade. Com efeito, é a moeda bem que pode ser trocado por outro da mesma qualidade, quantidade e espécie. Essa qualidade é extremamente relevante, porquanto significa que ela detém o ingrediente

---

64. Arthur Nussbaum, *Derecho monetario nacional e internacional:* estudio comparado en el linde del derecho y de la economia. Trad. De Alberto D. Shoo, Buenos Aires: Arayu, s.d.

ISS, IOF E INSTITUIÇÕES FINANCEIRAS

fundamental que possibilita o processo de troca entre os povos. O mesmo não se pode dizer dos bens infungíveis, porque estes não atuam eficaz e celeremente como meio de troca entre as pessoas de uma comunidade. Em outras palavras, só bens fungíveis, especialmente por sua semelhança, têm o dom de facilitar a movimentação de riquezas entre os diversos núcleos sociais.

A moeda, independentemente do seu valor, é ativo de fácil circulação e sempre representará uma unidade de medida que o Direito tenha definido como unidade ideal. Assim, unidade ideal representará a medida em que a moeda seja valorada na troca de bens e serviços. Agregando mais esse atributo, pode-se afirmar, sem medo de erro, que a moeda é espécie de ativo que, seja na economia, seja na sociedade, se apresenta com largo poder de circulação. Não se pode negar que ela tem inquestionável liquidez, eis que pode ser transacionada com celeridade, sem embargo de apresentar-se com elevado poder de troca.

Embora caiba ao Direito definir "moeda", é inelutável que, qualquer que seja o conceito, não poderá ele estar afastado da missão fundamental da moeda, consistente em atuar como meio geral de troca. Lembre-se que a moeda é uma unidade ideal que possibilita e viabiliza o processo de troca. Ela se presta a equiparar os diferentes produtos do trabalho ou do capital e do trabalho, convertendo-os em mercadorias. Assim, a permuta, com base na moeda, haverá de estar sempre presente nos conceitos e definições da moeda, pena de criar-se elemento vazio de conteúdo e despido de utilidade. Deveras, não se olvide que a moeda, tendo essa missão primacial de meio geral de troca, incursiona livremente entre bens e serviços, equiparando-os, a partir do número de unidades ideais que cada qual represente. É razoável, assim, admitir que as demais funções da moeda atuem como decorrência lógica da sua função principal como instrumento de troca.

Sem embargo de ser a moeda o que o Direito disser que ela é, não se pode deixar de parte que a moeda deve gozar de aceitação pela sociedade, que deve acolhê-la como meio universal para a troca de bens e serviços. E se a comunidade o faz é porque ela é instrumento de extrema utilidade para os seus integrantes. Mesmo em acidentais e fortuitos casos de dilapidação da moeda em que o seu valor se deteriora, não deixa ela de ser o referencial de troca entre a sociedade que integra e os demais grupos sociais, implicando daí a insuperável aceitação do seu curso entre os indivíduos do grupo social a que pertençam.

A moeda funciona, também, como um denominador comum do valor das coisas em geral. É por meio dela que se consegue conhecer o valor dos demais bens e serviços. Ela atua como denominador comum entre os bens que suprem as necessidades humanas. Consigne-se que a moeda, configurando elemento de troca de alcance irrestrito, atua por via da comparação, representando uma referência entre os outros bens suscetíveis de avaliação pecuniária.

Mercê da troca indireta, a moeda atua como reserva de valor em certo espaço temporal, assegurando a quem detém o elemento monetário a opção entre a antecipação ou o adiamento da decisão de compra. Com isso, o seu detentor pode aproveitar dessa disponibilidade monetária da melhor forma possível, seja postergando a compra, contando com a redução de preços, seja antecipando-a, prevendo uma elevação de preços, seja avaliando outros aspectos, como o excesso de moeda ou sua escassez, sua valorização ou desvalorização quando confrontada com as demais moedas. Em resumo, uma das qualificações da moeda é atuar como reserva de valor, isto é, de evidenciar seu poder de compra tanto num espaço de tempo como em certo lugar.

Registre-se, ainda, que dentre as funções mais relevantes da moeda está a especial missão de viabilizar a extinção das obrigações de caráter obrigacional existentes nos núcleos sociais.

Já referimos que as moedas escriturais ou, como prefere

o Bacen, "moedas eletrônicas" são as tratadas na Lei 12.865, de 9 de outubro de 2013,[65] e sua regulamentação infralegal. Moedas eletrônicas, conforme disciplinam esses atos normativos, são recursos armazenados em dispositivos ou sistema eletrônico que permitem ao usuário final efetuar transação de pagamento denominada em moeda nacional.

Ao que parece, a moeda eletrônica, também conhecida como moeda digital, mais famosa, é a "bitcoin". Surgida em 2009, existe como moeda unicamente no mundo digital, não tendo nenhum controle, nenhuma garantia do Estado nem do sistema financeiro.

Recebem, esse título, as moedas que, possuem forma própria de denominação, ou seja, são designadas em unidade de conta distinta das moedas emitidas por governos soberanos, e não se caracterizam por dispositivo ou sistema eletrônico para armazenamento em reais. Constituem, pois, espécie de moeda que, por suas especificidades, não pode ser confundida com a denominada "moeda escritural", que circula no meio interbancário, independentemente do manuseio de papel-moeda, valendo em virtude da simples escrituração.

As moedas virtuais também são conhecidas como moedas sociais ou moedas complementares. Pela sua natureza e circulação em ambiente restrito, a moeda virtual conhecida como "prêmio" não tem, ao menos até hoje, o condão de ocasionar expressivo aumento do meio circulante.

Por evidente, as moedas virtuais não reúnem todas as características ou traços indeléveis que conformam a moeda legal ou oficial. Efetivamente, elas não possuem alguns dos atributos que timbram a moeda legal ou oficial. Tivessem-nas, seriam as próprias ou seriam a elas equivalentes. Todavia, muitas das qualidades da moeda oficial também se fazem presentes nas moedas virtuais. Por não terem as moedas virtuais

---

65. Lei 12.865/2013 – Disponível em: <http://goo.gl/A9MdRM>. Acesso em: 17 maio 2016.

a totalidade dos traços ou características que demarcam a moeda oficial, não gozam do elevado *status* que timbram as moedas oficiais. Nada obstante, não são elas nem desconhecidas nem repelidas pelo Direito. Não têm elas curso legal nem curso forçado. Também não lhes cabe o atributo da garantia de qualquer ativo real que permita sua conversão para a moeda oficial. Sua aceitação como meio de troca não é geral, dado o ambiente restrito em que circula. A despeito disso, estão lastreadas na credibilidade e na confiança de que gozam seus emissores. A ausência de alguns desses atributos e certas especificidades das moedas virtuais retiram a possibilidade de classificação como comutativas. Com efeito, a probabilidade de, à guisa de exemplo, poderem ser alteradas as regras para resgate, ao longo do tempo, acabam por incorporar elementos próprios da álea; na mesma esteira, o prazo de validade para utilização e a possibilidade de extinção do próprio programa sem reembolso dos créditos não resgatados acabam por comprovar que o risco da álea se faz muito presente, diante das moedas virtuais.

Mergulhando no cerne dessa atividade, quando exercida pelas (ou pelos) emissoras de cartão, chegamos à conclusão de que elas emitem uma moeda virtual ou, se o quiserem, moeda imaginária ou fictícia, mas sempre moeda. Dinheiro que atua, sem lhe fazer as vezes, paralelamente ao padrão monetário nacional.

Trata-se de unidade monetária designada "prêmios", não representada materialmente, mas utilizada para fins contábeis e como instrumento de troca.

Pode-se dizer que os "prêmios" são uma magnitude concreta estabelecida a partir de um critério abstrato, que é a moeda "prêmio". Dito de outro modo, os objetos que se entregam ou são recebidos ou são representativos de uma fração de um critério matemático abstrato. Assim, o dinheiro "prêmios" é magnitude concretamente considerada, mensurada a partir de um critério matemático utilizado para medir as coisas, qual seja, o "prêmio". A moeda é, assim, o critério abstrato; o dinheiro, a tradução dessa magnitude abstrata. É mera referência a ser adotada no uso corrente do dinheiro. Como unidade ideal, a moeda representa um padrão ou referência para medir o valor das coisas, enquanto o dinheiro é a mensuração das realidades, a partir desse critério abstrato.

Não é preciso que esteja referenciada ao padrão monetário nacional (por exemplo, essa unidade monetária equivale a tantos por cento de um real) ou, igualmente, estar atrelada a um percentual de certa moeda estrangeira, como o dólar, nada impedindo, porém, que se adote uma ou outra referência. Deveras, nada obstante virtual, essa moeda pode, como poderá, assentar-se na promessa de pagamento, segundo um valor fictício que se lhe atribuir em relação a certa unidade monetária oficial. O que sobreleva é o seu caráter fiduciário, na medida em que seu valor e sua aceitação decorrem da confiança que lhe são emprestados pelos portadores em relação aos emitentes.

Como acabamos de ver, a expressão curso legal é utilizada para significar que as pessoas de uma determinada comunidade têm a obrigação de aceitá-la (não podendo recusá-la) como meio de pagamento de deveres e obrigações. No caso do "prêmio", não se há de falar em curso legal da moeda, eis que ela não resulta de previsão legal, embora, como anotamos anteriormente, seja conhecida pelo sistema monetário e por ele não repelida. Ninguém está obrigado a utilizá-la como meio de pagamento previsto em lei para a extinção das obrigações ou conservação de direitos. Vindo a ser oferecido para pagamento de uma obrigação, o "prêmio" pode ser recusado juridicamente. Além disso, o "prêmio" não é moeda de curso forçado, mas rigorosamente possui a qualidade de ser, também, inconversível, eis que não se faz possível obrigar a sua troca em metais preciosos ou em outros ativos de expressão financeira.

Sem embargo de, como espécie de "moeda virtual", não ter ela todos os traços característicos da moeda oficial (como visto, se o tivesse, seria equivalente a ela própria, o que, "ipso facto", afastaria suas peculiaridades e a confundiria com aquela), nem por isso deixa de ser moeda. Com efeito, (a) é bem fungível, embora não oficial, (b) é unidade ideal de medida, (c) atua em círculo restrito, viabilizando, nada obstante, o processo de troca; (d) goza de aceitação e confiabilidade, dada a credibilidade dos seus emitentes; (e) no seu mundo restrito e particular, viabiliza a extinção de algumas obrigações; (f) funciona como reserva de valor; por fim, (g) é ativo de rápida circulação. Reveste-se ela, em suma, de várias notas típicas de moeda, inclusive assim reconhecida pelo Bacen. O "prêmio", como moeda virtual, não tem garantia de conversão para a nossa moeda legal, que é o real, além de não ser garantida por ativo real de qualquer espécie. Não é por outra razão que, em divulgação das suas atividades, via de regra, a emitente do cartão deixa claro, inclusive, que "se reserva o direito de alterar os produtos e prêmios para o resgate a qualquer momento".

Sua aceitação, já o assinalamos, decorre da credibilidade e da confiança que o portador dá ao seu emitente, atuando o tempo para sedimentação, ou não, dessa acreditação.

As características que timbram "o prêmio" implicam, reitere-se, a conclusão de que ele funciona tanto como instrumento de troca, como meio de pagamento, isto é, tem ele um poder de compra para a aquisição de bens ou serviços, além de possibilitar a diminuição do valor de dívidas ou até de quitá-las. Assegura, assim, um título jurídico que outorga ao portador um crédito, em face da sociedade.

Delimitadas, assim, aquelas que nos parecem ser as peculiaridades da moeda (ou do dinheiro), já se pode sistematizá-las, a breve trecho, destacando as características que fazem do "prêmio" uma espécie de moeda ou de dinheiro virtual.

15.1.1 O "prêmio" como meio parcial de troca

Registre-se, desde logo, que, embora não seja moeda oficial, nas relações humanas a moeda "prêmio" surge como instrumento utilizado para possibilitar certas transações, seja de troca, seja de venda, que se verificam no interior do grupo em que circula. É um dos mecanismos pelo qual são supridas algumas necessidades dessa comunidade com interesses comuns. O "prêmio" foi engendrado para satisfazer necessidades desse grupo comunitário, facilitando a movimentação, entre eles, de bens e serviços. Assim, qualquer que seja o conceito de moeda virtual, o "prêmio" não poderá estar (como não está) afastado da missão fundamental da moeda, que é a de funcionar como meio geral ou parcial de troca.

15.1.2 O "prêmio" como unidade ideal

Atuando o "prêmio" como uma unidade ideal, que possibilita e viabiliza o processo de troca no restrito campo de sua atuação, na área em que circula, essa moeda se presta a equipar os diferentes produtos do trabalho ou do capital e do trabalho, convertendo-os em bens e serviços.

O dinheiro "prêmio" não é aceito pelo que representa fisicamente, eis que isso não ocorre, mas sim pela sua aptidão para funcionar como meio de troca entre as coisas. Melhor dito, é pela sua qualidade que possibilita funcionar como fração diante das "coisas que, no comércio, se entregam e recebem", não como o que fisicamente representa, senão somente como fração, equivalente ou múltiplo (x vezes) de uma unidade ideal. Não está em jogo, na moeda, "prêmios", seja o material ou materiais que compõem o dinheiro comum, mas a sua presença virtual, ou seja, a unidade de medida que representa. Tem-se aí qualificação que atribui a determinada coisa uma unidade matemática de mensuração (o prêmio).

Dinheiro (ou moeda) virtual, como o "prêmio", configura um padrão de unidade, com conteúdo, forma e especificações que possibilitam a troca de todas as coisas, no círculo restrito em que utilizado, de modo a ser reconhecido pela sociedade integrante desse círculo, como meio idôneo para outorgar certos direitos e extinguir as obrigações respectivas.

Uma das condicionantes da moeda é que ela goze de aceitação pela sociedade, que deve acolhê-la como meio para a troca de bens e serviços. E se a comunidade o faz é porque ela é instrumento de extrema utilidade para os seus integrantes. Pois bem. O "prêmio" realiza inteiramente essa função, eis que goza de total aceitação na larga área em que atua. Não deixa ele (o "prêmio") de ser o referencial de troca entre seus usuários ou grupos sociais, razão pela qual é tranquila e insuperável a aceitação do seu curso, mercê da confiabilidade de que gozam seus emitentes.

Agregando mais esse atributo, pode-se afirmar, sem medo de erro, que o "prêmio" é um ativo com grande poder de circulação na economia e na sociedade. Não se pode negar que se trata de bem com inquestionável liquidez, eis que pode ser transacionado com celeridade, mantendo expressivo poder de troca.

Embora tenha validade circunscrita a certo período de tempo, o certo é que o "prêmio" atua como reserva de valor naquele espaço temporal, assegurando a quem detém o elemento monetário a opção entre a antecipação ou postergação da decisão de compra. Seu detentor pode aproveitar dessa disponibilidade monetária da melhor forma possível, seja adiando a compra, seja antecipando-a.

O "prêmio" atua, também, como um denominador comum do valor das coisas na área em que circula. Ele atua como denominador comum entre vários bens que suprem as necessidades do homem. Consigne-se que o "prêmio", mesmo em se tratando de moeda de circulação restrita, tem a qualidade de funcionar, por via da comparação, como uma referência entre os outros bens suscetíveis de avaliação pecuniária.

Registre-se, ainda, que dentre as funções mais relevantes da moeda está a especial missão de viabilizar a extinção das relações de caráter obrigacional existentes nos núcleos sociais.

ISS, IOF E INSTITUIÇÕES FINANCEIRAS

Em resumo: demonstrada a aproximação do "prêmio" com muitos dos traços característicos da moeda oficial, eis que dispõe de credenciais para liquidar contas, adquirir bens, efetuar locações de bens móveis, prestar serviços, é inequívoco que o "prêmio" configura verdadeiro "dinheiro virtual". Trata-se de atividade que possibilita, no ambiente em que atua, a venda ou a outorga do direito de uso de certo dinheiro – a moeda denominada "prêmio" – com o qual são realizadas várias transações, desde a locação de bens móveis, até a compra de bens e serviços.

Ora, sem sombra de dúvidas, os negócios em que o cerne é a moeda, é o dinheiro, como é o "prêmio", tipificam, sempre e só, obrigações de dar. Aliás, o dinheiro é conspícuo paradigma dessa modalidade de obrigação.

Diante disso, não há a menor possibilidade de cogitar de nenhum ISS. Deveras, a emissora do cartão (e nenhum dos seus parceiros) não "faz" alguma coisa, no sentido jurídico. Lembre-se que obrigações de fazer são as que exigem o "fazimento", a confecção de coisa inexistente. Ora bem. Na espécie, não está presente nenhum fazimento, nenhuma feitura, nenhuma atuação que possa ser traduzida como esforço humano a terceiros, com conteúdo econômico, sob regime de direito privado, mas sem subordinação, em caráter negocial, tendente a produzir uma utilidade material ou imaterial.

São várias as espécies de "moeda ou dinheiro virtual" que circulam no mercado, com alcance mais ou menos restrito. Dentre as de circulação restritíssima, além de temporária, tivemos, a "estaleca".

Conforme verificado, o Bacen, após lembrar que as moedas virtuais distinguem-se da "moeda eletrônica" de que trata a Lei 12.865, de 9 de outubro de 2013, eis que são recursos "armazenados em dispositivo ou sistema eletrônico que permitem ao usuário final efetuar transação de pagamento denominada em moeda nacional"; em recente Comunicado explicita que as "moedas virtuais possuem forma própria de denominação, ou seja, são denominadas em unidade de conta distinta das moedas emitidas por governos soberanos e não se caracterizam dispositivo ou sistema eletrônico para armazenamento em reais". Lembra, ainda, esse mesmo Comunicado, que o baixo volume de transações, sua pequena aceitação como meio de troca e a ausência de uma clara percepção de sua fidedignidade fazem com que a variação dos preços das chamadas moedas virtuais seja expressiva e célere, podendo chegar até mesmo à perda total do seu valor. Por fim, adverte o Banco Central que, embora essas moedas, por ora, não ponham em risco o Sistema Financeiro Nacional, vem acompanhando sua evolução, de sorte a, se for o caso, adotar medidas relativas à sua natureza, propriedade e funcionamento.

O tema parece ter sido cuidado o suficiente para evidenciar que não há nenhuma prestação de serviços. Diante disso, as considerações que se seguem são efetuadas apenas por amor à argumentação. Deveras, como exposto, a emitente do cartão atua outorgando a seus clientes o que resolveu designar por "prêmio", de sorte que é em face disso que nos propusemos a demonstrar – estando certos de tê-lo feito – ser o "prêmio" nada mais, nada menos, do que espécie de moeda virtual.

Nada obstante, em que pese venha a acarretar o alongamento deste discurso, vamos, ainda que a lume de palha, repisar alguns pontos do conceito de serviço, entre os quais desponta, inamovivelmente, a existência de esforço humano desenvolvido em proveito de outrem. Ora, no ato de outorga de prêmios não está presente nenhum esforço humano para outrem. Logo, a outorga de prêmios não pode envolver – como não envolve – nenhuma prestação de serviços a terceiro; não corresponde a nenhum fazer; ao contrário, pressupõe, sempre, exemplo conspícuo de um dar, a cargo daquele que o instituiu.

Ao fim e ao cabo, forçoso concluir que será manifestamente inconstitucional pretender incluir a "outorga de prêmios" entre as atividades econômicas sujeitas ao ISS, dado que a

ISS, IOF E INSTITUIÇÕES FINANCEIRAS

competência do Município para instituir esse imposto abarca somente o fato-tipo "prestar serviços de qualquer natureza".

Como verdadeira pá de cal sobre a questão, a nossa mais elevada corte, o Supremo Tribunal Federal, em julgado já transcrito, consubstanciando objetiva, profunda e claríssima lição, que aqui se remarca, já assentou incisivamente que "para a incidência do tributo torna-se necessário o exercício de uma atividade que represente serviço". [66]

Em face das considerações precedentes, estamos plenamente convencidos em afirmar, categoricamente, o que se segue:

(i) Na espécie, trata-se de nítida obrigação de dar, incompatível com o ISS, que só pode alcançar algumas modalidades de obrigações de fazer. Pudesse ser superado esse obstáculo intransponível, logo se veria que nenhuma dessas modalidades representa a atividade desenvolvida pela emitente do cartão. Faltaria, em qualquer caso, aquela aderência capilar entre o fato tributável e a respectiva hipótese de incidência, sem a qual não se pode exigir nenhum imposto. Logo, pretender transmudá-la para um desses serviços só seria possível mediante distorção ou falseamento do objeto de sua atuação, situando-o em campo absolutamente estranho àquele em que atua;

(ii) É possível afirmar, claramente, que as instituições financeiras limitam-se a oferecer por cessão de direitos aos seus participantes a entrega de bens e serviços e que, portanto, a sua obrigação consiste exclusivamente em uma obrigação de dar, cuja atividade não se enquadra na definição constitucional de prestação de serviços nem mesmo na de circulação de bens, já que não é sujeito ativo que realiza o fornecimento do produto ou serviço. Indubitavelmente, a emissora do cartão, após introduzir no mercado os "prêmios", procede à cessão de direitos aos seus clientes, por meio de relação jurídica que

---

66. RE 100.187-0, 2ª T., *DJ* 31.08.1984.

ocorre em momento lógico e cronológico posterior à sua introdução. Mercê de genérica cessão de direitos, a emitente do cartão outorga prêmios aos seus clientes, possibilitando a eles que os resgatem junto aos seus parceiros. Consequentemente, quer a outorga de prêmios, espécie inconteste de moeda virtual, quer a respectiva cessão de direitos, constituem paradigmas de obrigação de dar, absolutamente incompatíveis com a incidência de ISS, típica obrigação de fazer;

(iii) A atividade desenvolvida pelas instituições financeiras é, sem sombra de dúvida, lícita, mas não é configuradora de obrigação de fazer, razão pela qual não pode ser alvo de tributação pelo ISS. Não é apenas pela falta de previsão legal que não pode ela ser alcançada pelo ISS, mas sobremodo porque sua atividade é com ele incompatível. Pretender submetê-las à incidência desse tributo de competência dos Municípios implica criar imposto inconstitucional. Lei nacional nenhuma (a lei complementar, em matéria de ISS, é lei nacional e não lei federal) pode pretender sujeitar a emissora do cartão à tributação pelo ISS, salvo com agressão frontal à Constituição. Por óbvio, não o poderia fazer a lei municipal;

(iv) Atualmente, há instituições que, além disso, oferecem aos seus participantes, inclusive em seu site, um produto denominado "venda de prêmios". Através deste produto, o participante pode adquirir um determinado número de prêmios, limitado a uma quantia máxima por ano, com o objetivo de completar o número de prêmios necessários para realizar o resgate de um produto ou serviço, realizando o pagamento em dinheiro diretamente para a instituição financeira.

Considerando que o emitente do cartão atua no segmento caracterizado pela circulação de moeda virtual, designada "prêmios", a existência da venda direta, ao lado da indireta, em nada modifica o seu regime tributário, que segue sendo protótipo conspícuo de obrigação de dar, a salvo de qualquer incidência de ISS.

ISS, IOF E INSTITUIÇÕES FINANCEIRAS

15.1.3 Sobre a atividade dos cartões de crédito

Diante do contexto multifacetário que envolve a atividade dos cartões de crédito, vemos como imprescindível tratar da relação existente entre a credenciadora e o estabelecimento comercial.

É bem de ver que o sistema de cartão de crédito envolve, ordinariamente, cinco sujeitos: (a) a instituição emissora do cartão, em geral uma instituição financeira ou, em outros casos, uma administradora de cartões; (b) o associado titular do cartão; (c) as empresas credenciadoras; (d) a bandeira; e (e) o estabelecimento comercial credenciado. A atividade de cartões de crédito engloba uma série de relações, reciprocamente conexas, travadas na seguinte conformidade:

1) o portador do cartão comparece a um estabelecimento comercial para adquirir bens ou serviços e apresenta, para pagamento, o seu cartão de crédito;

2) o lojista passa ou insere o cartão na máquina de coleta de dados das transações, que, por meio de telemática, remete os dados do portador e os da transação para a empresa credenciadora;

3) a credenciadora conduz a operação mediante a remessa dos dados para a "bandeira" específica do respectivo cartão (empresa que é dona da marca sob a qual a transação se opera);

4) a bandeira, ao avaliar a operação, identifica o emissor do cartão – geralmente uma instituição financeira que mantém contato comercial com o portador do cartão – e, por sua vez, repassa-lhe os dados da operação;

5) o emissor recebe os dados da operação, avalia se o portador do cartão tem crédito suficiente para aquela compra e, finalmente, autoriza ou nega a operação.

Cada uma dessas relações tem por fonte atos negociais que não se confundem e contratos com diferentes objetos, pelos quais as partes envolvidas obrigam-se, mutuamente, a distintas prestações.

A atividade denominada "sistema de cartão de crédito" não está representada, portanto, por um contrato típico, mas é resultante de conjugação de vários contratos que, mesmo reunidos num só instrumento, refletem o conteúdo das várias obrigações reciprocamente assumidas pelas credenciadoras e por terceiros. Evidencia-se, pois, a existência de mais de um contrato, que, embora mutuamente referidos, são distintos e inconfundíveis. Cada uma das obrigações deve ser considerada isoladamente para fins tributários, sob pena de submeter, à tributação do ISS, receitas que nada têm a ver com prestações de serviço.

Advirta-se, desde logo, que a credenciadora e a administradora de cartões de crédito ou emissor não se confundem. A credenciadora, também conhecida como "adquirente", é empresa que faz o contato com os estabelecimentos filiados para aceitação dos cartões como meio eletrônico de pagamento na aquisição de bens e serviços. Ela conduz o processo, disponibiliza conexão aos sistemas dos estabelecimentos filiados com o objetivo de coleta de dados para a liquidação das transações realizadas por meio dos cartões por intermédio dos chamados "POS". No ambiente comercial, o instrumento que se designa por "POS" tem sido utilizado para identificar "um ponto de venda". Em que pese essa qualificação, os chamados "POS" nada mais são do que maquinetas móveis, compactas, que usam baterias de longa duração, comunicação sem fio e grande capacidade de armazenamento, destinadas à utilização para pagamento com cartões de crédito. Tenha-se presente, pois, que os "POS", por constituírem meros viabilizadores de simples etapas preparatórias, ou, ainda, de início de fatos considerados para fins de apuração do ISS (por exemplo, a compra e venda de mercadoria) não têm qualquer relevo para discernir o local da prestação do serviço. Por sua vez, a administradora de cartões, que pode se confundir com o emissor do cartão, é responsável pelo relacionamento com o portador

ISS, IOF E INSTITUIÇÕES FINANCEIRAS

de cartão para qualquer questão decorrente da posse, uso e pagamento das despesas. Não se pode confundir o papel da credenciadora com o da administradora de cartões, é dizer, denominar a credenciadora de administradora. Aquela não avalia nem aprova as transações, como de fato realiza a administradora. A credenciadora apenas e somente auxilia o processo, ajuda a compra por meio dos cartões, ao contatar os lojistas, deixando em seu poder o aparelho denominado "POS". Essa simples "maquininha" é o veículo eletrônico por intermédio do qual o estabelecimento se conecta ao sistema de cartões, promove a solicitação de crédito para pagamento da compra e recebe, ou não, a concordância para realizar a transação.

Alguns Municípios, todavia, pretendem alçar essas singelas maquininhas à condição de estabelecimento prestador. Atribuem ao "POS" a qualidade de estabelecimento prestador. Para tanto, pretendem impor uma substituição tributária, estabelecendo que esta deve ocorrer no local do estabelecimento filiado, onde instalado o "POS" (um ou mais). Não é preciso maior esforço, porém, para evidenciar que esse terminal eletrônico não realiza qualquer atividade-fim sujeita à incidência do ISS, mas apenas uma atividade meio que não pode ser isoladamente considerada para a incidência do imposto municipal. Em outras palavras, a relação existe entre a credenciadora e o estabelecimento comercial, cujo centro se dá pela função do "POS", é apenas uma etapa do sistema dos cartões de crédito, fase essa que não se qualifica como serviço tributável.

Ademais disso, a aberração da referida substituição tributária resta sobremodo evidente diante da elucidação do que significa o chamado "POS". Já vimos que "POS" é designação utilizada para identificar um ponto de venda. Pode ser uma loja, um caixa em uma loja, ou um local onde uma transação financeira pode vir a ocorrer. Um "POS" também pode se referir ao sistema de caixa registradora usado em um estabelecimento e às máquinas de cartão de crédito. Sistemas

81

de "POS" costumam ser usados em restaurantes, hotéis, estádios, lojas de varejo etc. Em suma, se algo pode ser vendido, um bem ou um serviço, pode existir um sistema "POS" para facilitar a sua concretização.

O baixo custo e os novos recursos utilizados nos terminais "POS" têm criado novas formas de uso e ampliado o emprego dessas pequenas máquinas. Atualmente, já se veem, no Brasil, os terminais "POS" sendo utilizados em vendas de ingressos com sua emissão pela própria máquina, de forma *on-line*; também é possível comprar créditos para telefones celulares pré-pagos, "tickets" para estacionamentos; podem, ainda, proceder à "leitura" dos hidrômetros identificando o consumo de água e esgoto nas residências, com emissão da conta em tempo real. Um terminal "POS" também pode ser usado para serviços de recebimento de contas, apontamento de informações para controle de registro de ponto eletrônico; pode ser usado como coletor de dados por profissionais que trabalham com vendas de produtos porta a porta, além de várias outras funções. O que permite uma multiplicidade de usos a um terminal "POS" é o fato de ser móvel, além de compacto, usando baterias de longa duração, comunicação sem fio e grande capacidade de armazenamento, além de ter um teclado numérico, um display, uma impressora térmica e leitores de cartões magnéticos e de "chips".

Para a comunicação, o "POS" utiliza uma linha telefônica ou conexão GPRS, e os cupons das vendas são impressos pelo próprio terminal, dependendo do tipo de equipamento utilizado na transação, não sendo necessário o uso de um computador, ou automação comercial. Exemplos dos chamados POS são as máquinas utilizadas para pagamento com cartões de crédito, sistemas que contabilizam a venda e emitem nota fiscal ou mesmo as máquinas de vale refeição (VR).

No sistema dos cartões de crédito, que aqui nos interessa, o "POS" é um meio eletrônico pelo qual o estabelecimento se conecta ao sistema e solicita crédito para pagamento da compra e venda de bens e serviços pelo portador do cartão.

ISS, IOF E INSTITUIÇÕES FINANCEIRAS

Portanto, o "POS" é utilizado pelos estabelecimentos credenciados para recebimento de autorização ou informação, via telefone, das operações de compra e venda. Em suma, o chamado "POS" nada mais é que uma singela máquina, um terminal, um equipamento que se conecta à rede dos cartões de crédito e débito.

A utilização do "POS", instalado no estabelecimento credenciado, dá-se no local onde se encontra a clientela (titulares dos cartões de crédito). A atividade de cartões de crédito longe está de se resumir à utilização do POS. Este é apenas uma pequeníssima parte integrante de um conjunto que envolve várias atividades. É apenas o lugar em que ocorre o reconhecimento de que alguém objetiva comprar bens ou serviços ou locar coisas, com o cartão de crédito. Contudo, essa ação inaugural longe está de desencadear a incidência do ISS; este só incide no local do estabelecimento prestador, isto é, onde são realizadas as atividades-fim do prestador do serviço, e jamais no lugar em que ocorre simplesmente a captação do cliente, como é o caso dos locais em que se localizam os "POS".

Ressalte-se, ademais, que a utilização do POS não implica a presença física quer da emissora dos cartões, quer da credenciadora. Muito pelo contrário, em muitos casos o POS é fornecido ao estabelecimento credenciado mediante o pagamento de aluguel à credenciadora.

Nesse sentido, o Superior Tribunal de Justiça já se manifestou:

> Tributário. ISS. Consórcios. As administradoras de consórcios estão sujeitas ao ISS no Município onde organizam suas atividades principais e não naquele em que captam a clientela. Recurso especial não conhecido.[67]

Logo se vê, portanto, que não pode prosperar a tentativa de "transferir" a ocorrência do fato gerador tributário do ISS

---

67. STJ, REsp. 51797/SP 1994/0023002-8, Rel. Min. Ari Pargendler, j. 05.06.1997, 2ª T., *DJ* 01.09.1997.

para o local em que se dá a atividade de solicitação de crédito para pagamento, realizada por essas maquininhas. Seria uma aberração tributária querer fazer crer que um terminal eletrônico, por meio do qual se realizam algumas tarefas-meio para o fim colimado (prestação de garantia), possa realizar fato jurídico tributário do ISS. Mais que isso, a aberração adicional de que tais singelas máquinas, por si só, possam configurar um estabelecimento prestador.

Ora, dúvidas não restam de que o sistema de cartões de crédito foi criado única e exclusivamente para que o titular do cartão possa adquirir bens e serviços, desde que confirmado o seu crédito. Não excede repetir que, o cartão é de crédito e será usado, desde que o portador o tenha (crédito). O portador do cartão fará uso do mesmo se aprovado o seu crédito pela emissora (instituição financeira ou administradora de cartões).

Certamente, não se tem o cartão de crédito com o objetivo de realizar solicitação de crédito para pagamento e emissão de resumos de venda. Não é essa a função do cartão de crédito. Trata-se de tarefas que não fazem parte do objeto do contrato central. O portador do cartão quer tão somente a garantia do seu crédito no ato da aquisição de bens e serviços. As atividades de emissão e solicitação de crédito para pagamento da compra e venda de bens e serviços, realizadas pelos chamados "POS", não podem ser consideradas isoladamente para fins de incidência do ISS, como se fossem "serviços parciais". São fases, etapas e instrumentos para a efetiva realização da garantia. Por intermédio dos terminais eletrônicos serão enviados os dados do portador do cartão e da compra, e será recebida a confirmação da compra, desde que o cliente tenha crédito; ou negada, na hipótese de crédito não aprovado ou insuficiente. Em suma, o "POS" é apenas e somente o meio, a forma, a via de envio e recebimento de informação para auxiliar a análise e a aprovação, ou não, de uma compra via cartão de crédito, o propósito fim. Tanto isto é certo que, diante de qualquer pane do "POS", os dados serão enviados pelo telefone.

ISS, IOF E INSTITUIÇÕES FINANCEIRAS

Ressalte-se que em toda e qualquer atividade há "açõesmeio" (pseudosserviços), cujo custo é, explícita ou implicitamente, suportado pelo tomador. Mas isto não pode conduzir ao absurdo de se pretender tomá-los (os custos) isoladamente, como se cada um deles fosse um serviço diferente, dissociado daquele a cuja prestação alguém se obriga.

Ademais, só há serviço, da perspectiva jurídica tributária, se e quando instaurada uma relação da espécie, com conteúdo econômico, pela qual uma pessoa promete um fazer a outra, mediante remuneração. Ora, é certo que a atividade de solicitação de crédito para pagamento pelos terminais eletrônicos é realizada em favor dos próprios agentes do sistema de cartão de crédito. Em suma, sem o prévio (lógico e cronológico) enlace ou relação jurídica entre diferentes partícipes, serviços não há.

Portanto, por qualquer ângulo de análise, não há como respaldar a tentativa de determinar, como querem alguns Municípios, que o fato gerador do ISS ocorre quando realizada a solicitação de crédito para pagamento pelos chamados "POS", no local do estabelecimento de terceiros, pela credenciadora. A determinação de retenção na fonte, para o pagamento do ISS no local do tomador, fere, de morte, não só a Constituição Federal, como também a Lei Complementar 116/2003, como restará melhor esclarecido a seguir.

A substituição tributária no ISS, prevista no art. 6º da Lei Complementar 116/2003, tem sido utilizada por alguns Municípios em total descompasso com o Texto Constitucional, culminando em graves conflitos de competência entre as entidades municipais tributantes. De fato, alguns Municípios, por meio da substituição tributária, têm fraudado a hipótese de incidência tributária do ISS, infringindo os contornos do aspecto espacial, ao prever substituições inadmissíveis, determinando que o tomador do serviço promova, em circunstância totalmente inadequada, a retenção do ISS.

85

AIRES F. BARRETO

A competência tributária privativa do Município no qual se localiza o estabelecimento prestador não autoriza a exigência de que os estabelecimentos credenciados situados naquele Município retenham o ISS na fonte. Isto só seria possível em ocorrendo consórcio (impropriamente denominado de convênio) entre os Municípios relacionados, dispondo, reciprocamente, neste sentido, o que não ocorre na espécie.

Com efeito, a retenção na fonte somente poderia ser efetuada se: (a) a prestadora dos serviços tivesse seu estabelecimento em certo Município, isto é, se fosse contribuinte do ISS naquela Comuna; ou se (b) os dois Municípios envolvidos tivessem firmado consórcio, possibilitando a retenção do imposto pelo estabelecimento em que se encontra o "POS".

É incontornável, pois, a conclusão de que as obrigações fiscais do prestador dos serviços devem ser cumpridas apenas perante o Município onde situado seu estabelecimento prestador.

A substituição tributária, em qualquer espécie de tributo, não está livre para ser introduzida de acordo com a conveniência dos entes tributantes, que ultimamente têm realizado as mais esdrúxulas manobras com o fim maior de facilitar o pagamento dos tributos. Deve, impreterivelmente, obedecer a uma série de requisitos sob pena de ser considerada inconstitucional. A Constituição tira toda a liberdade do legislador, que não pode eleger sujeitos passivos de tributos de forma arbitrária e aleatória.

Efetivamente, o Estado não pode, por simples comodidade, ou por qualquer outra razão, deixar de escolher uma pessoa, como sujeito passivo, para alcançar outra. A substituição tributária, para ser válida, deve realizar o desígnio constitucional. É preciso ter presente que o sujeito passivo já está na regra-matriz do tributo, tal como plasmada na Constituição. Seria um supremo arbítrio exigir tributo de alguém pelo simples fato de que é mais fácil dele colhê-lo do que do destinatário da regra tributária.

ISS, IOF E INSTITUIÇÕES FINANCEIRAS

Juntamente com o mestre Ataliba, ressaltamos que a substituição tributária deve obedecer a pelo menos quatro requisitos, sob pena de comprometer a validade da substituição, a saber:

a) o regime jurídico aplicável à tributação deverá ser o regime jurídico do substituído e não do substituto;

b) a lei aplicável é a da data da operação substituída e não a data da operação do substituto;

c) a lei instituidora deve estabelecer mecanismos ágeis, prontos e eficazes de ressarcimento do substituto; e

d) ser introduzida por lei no sentido formal.

De fato, nas hipóteses de substituição, o regime jurídico aplicável deverá ser o do substituído e não o do substituto. O substituto pagará tributo alheio, pagará o que deve outro sujeito, nas condições específicas dele.

Já advertimos em estudo sobre o ISS e responsabilidade tributária que a adoção plena do regime jurídico-tributário do substituído revela-se, assim, como requisito necessário ao instituto da substituição, de maneira que, se no Município "A", onde está localizado o prestador e onde é realizada a prestação do serviço, a alíquota do ISS aplicável à hipótese de incidência for de 2%, também de 2% terá que ser a alíquota aplicável da cobrança desse imposto do substituto.

Aliás, é exatamente por isso que, nos casos em que se institui responsabilidade ou substituição, a obrigação só pode ser estruturada tendo em conta as características objetivas do fato tributário realizado pelo contribuinte (o substituído). Foi, inclusive, para assegurar a observância dessa implicação fundamental do exercício da tributação que o art. 128 do CTN determinou:

> Art. 128. Sem prejuízo do disposto neste Capítulo, a lei pode atribuir de modo expresso a responsabilidade pelo crédito tributário a terceira pessoa, vinculada ao fato gerador da respectiva obrigação, excluindo a responsabilidade do contribuinte ou

atribuindo-a a este em caráter supletivo do cumprimento total ou parcial da referida obrigação.

Sem dúvida, somente na hipótese de vinculação do substituto ao fato jurídico tributário, isto é, quando o substituto encontra-se na situação de proximidade material com os elementos fáticos e determinantes da incidência, é que o mesmo pode ser eleito para a condição de responsável.

Ademais, considerando que, no sistema de cartões de crédito, o local dos estabelecimentos credenciados, onde se localiza o chamado "POS", pode se espalhar pelos mais de 5.000 Municípios brasileiros, estamos certos de que a variação das alíquotas será inevitável. A alíquota do substituto certamente será distinta daquela que seria a alíquota do substituído, a do estabelecimento prestador. Portanto, a substituição tributária no sistema de cartões de crédito não tem como cumprir com os requisitos para sua instituição, na medida em que não faz valer, para o substituto, o mesmo regime jurídico do substituído, impondo, inclusive, distinta base de cálculo e alíquota.

Vimos acima que, comumente, as leis municipais veiculam requisitos e elementos indicativos da existência de um estabelecimento prestador. Aplicando-se tais requisitos ao chamado "POS", observa-se, facilmente, a ilegalidade de cogitar que onde o mesmo esteja instalado seja o efetivo local da ocorrência do fato jurídico tributário do ISS. Fazer crer que o local de instalação do "POS" (estabelecimentos credenciados) seja o local da incidência do ISS seria atribuir a um simples objeto, inanimado, o elevado "status" de estabelecimento prestador, sem qualquer amparo legal. Com efeito, o "POS" não possui nenhum dos elementos comumente exigidos para a configuração de um estabelecimento prestador. Trata-se de simples terminal de solicitação de crédito para pagamento da compra realizada com o cartão de crédito. Nem mesmo a aceitação da compra e a venda de bens e serviços são realizadas no local de sua instalação, mas sim na sede do emissor ou instituição financeira.

ISS, IOF E INSTITUIÇÕES FINANCEIRAS

Assim, a passagem do cartão pelo "POS" equivale à simples proposta de prestação de serviços que qualquer profissional liberal encaminha ao seu potencial cliente, com a indicação do objeto, do valor estimado dos honorários, do prazo para a feitura do trabalho e detalhes adicionais. Guarda sintonia com o termo proposta (ao qual se seguirá, se acolhida, o termo "aceitação" do Direito Comercial). Ao passar o cartão no "POS", o seu titular estaria agindo similarmente ao que faz o policitante, isto é, aquele que oferece, que promete, segundo seus termos, a concretização de um negócio. É visível que, com a mera proposta, não se tem ainda contrato nenhum; logo, não se tem compra e venda, permuta, serviço, dação em pagamento ou qualquer outra modalidade de transação. Assim, mesmo que a natureza do contrato fosse de prestação de serviço, nesse estágio não haveria nenhum contrato da espécie e, por conseguinte, nenhum serviço. Como corolário, não poderia haver nenhum ISS.

Em síntese, a não ser por indizível absurdo, os terminais eletrônicos – chamados de "POS" – que realizam a coleta e a solicitação de crédito para pagamento decorrente do uso de cartões de crédito ou de débito – não podem (a) ser considerados estabelecimentos prestadores de serviços, uma vez que, nessas hipóteses, não há prestação de serviço tributável. Além disso, (b) o "POS" não preenche os requisitos necessários para a existência de um estabelecimento prestador.

15.2 Abertura de contas em geral, inclusive conta-corrente, conta de investimento e aplicação e caderneta de poupança, no País e no exterior, bem como a manutenção das referidas contas ativas e inativas

A abertura e a manutenção de contas são apenas atividades-meio das operações de crédito em que se constituem os investimentos e aplicações financeiras, de qualquer gênero.

89

É óbvio que, para proceder a aplicações ou para promover investimentos, as instituições financeiras elaboram cadastros de seus clientes, exigem o preenchimento de fichas, de formulários, de guias, tudo para conhecê-los melhor, para saber o seu perfil (conservador, intermediário, avançado) e poder mensurar os riscos que poderão assumir ao liberar valores ou o que pretendem os clientes com suas aplicações, de modo a operacionalizar, com boa dose de segurança, o seu relacionamento com cada cliente. Ora, essas atividades são fundamentalmente creditícias, sendo umas poucas subsidiárias, de segundo grau, sem independência. Assim, mesmo que haja cobrança para o exercício dessas atividades, nem por isso elas perderão sua natureza creditícia e, muito menos, por essa circunstância, passarão a se constituir em serviço. Não há nenhum serviço. Há, apenas e tão só o preenchimento de requisitos necessários à viabilização de operações financeiras.

Deve-se ter em conta que "prestar serviço" significa realizar atividade em proveito alheio. A atividade em benefício próprio não exterioriza riqueza, nem capacidade contributiva. Considerando que a Constituição Federal só arrolou arquétipos que evidenciam riqueza, apresenta-se incompatível, com a estrutura sistêmica, tributar fatos desprovidos de valor.

Portanto, juridicamente, não se cogita de prestação de serviço tributável em proveito próprio, e muito menos sem substancial financeiro. Só se reconhece como tal a prestação de serviço que tenha conteúdo econômico mensurável, o que só pode ocorrer quando o esforço seja produzido para outrem. Em suma: não há serviço para si mesmo.

É isso o que ocorre no caso das atividades descritas no subitem em referência: a abertura e a manutenção de contas são necessárias ao desenvolvimento, pela instituição financeira, das operações creditícias por ele oferecidas a seus clientes, caracterizando-se como atividades-meio por ele desenvolvidas em proveito da sua própria organização e de seu funcionamento.

ISS, IOF E INSTITUIÇÕES FINANCEIRAS

15.3 Locação e manutenção de cofres particulares, de terminais eletrônicos, de terminais de atendimento e de bens e equipamentos em geral

Eis o exemplo flagrante da denúncia que fizemos anteriormente. É o Município ("o elaborador" da lei complementar) pretendendo que sobre locação de bens incida ISS. É falacioso o argumento de que não há locação pura e simples. Mais falacioso é dizer que se trata de "serviço de segurança", que não é, nesse caso, oferecido. Lembre-se, desde logo, que a instituição financeira sequer sabe o que se contém nos cofres. O que se renova, periodicamente, é a simples locação. Nisto e só nisto constitui-se a "manutenção de cofres".

Relativamente aos terminais eletrônicos, de atendimento, bens e equipamentos em geral, como regra, as instituições financeiras nem desenvolvem essa atividade. Quando o fazem, limitam-se, como se disse, em relação à locação de cofres, a realizar locação de bens móveis, nas quais não se há falar em incidência do ISS.

15.4 Fornecimento ou emissão de atestados em geral, inclusive atestado de idoneidade, atestado de capacidade financeira e congêneres

Penso que aqui se tem atividades que não podem ser vistas como de natureza financeira, sujeitando-se ao ISS, desde que se trate de ações onerosas prestadas a terceiros. Não são elas pressupostos das atividades creditícias primordiais ou secundárias e nem mesmo atividades-meio para a consecução de outras, constitutivas do fim perseguido.

91

AIRES F. BARRETO

15.5 Cadastro, elaboração de ficha cadastral, renovação cadastral e congêneres, inclusão ou exclusão no Cadastro de Emitentes de Cheques sem Fundos – CCF ou em quaisquer outros bancos cadastrais

Eis atividades de suporte às operações creditícias, cuja materialização depende delas. Sendo a confiança e a segurança itens em que se assentam as operações de crédito, é inelutável que se exijam dos clientes documentos, preenchimento de formulários, fichas e guias. Não há aí nenhuma prestação de serviços, mas atividades de garantia. Como operações subsidiárias da atividade creditícia, são dela dependentes. Não gozam de autonomia. De fato, elas, isoladamente, de nada servem, não se prestam a outra coisa senão tornar segura a operação financeira. A simples circunstância de haver a cobrança de algum valor não a transforma em prestação de serviço. Se é a instituição financeira quem procede à cobrança é porque se trata de dispêndio de despesa em que incorreu, motivada pela assunção do risco a que se submeteu e prossegue ocorrendo durante todo o seu relacionamento com o cliente.

É equivocado supor que o preenchimento desses papéis seja apenas do interesse do cliente; longe disso, a instituição o faz para forrar-se à possível ocorrência de riscos futuros, inclusive de inadimplemento das obrigações assumidas pelos contratantes de operações creditícias e financeiras, bem como para obter a exclusão no nome do cliente nos respectivos cadastros de inadimplentes, como é o caso do Banco Central.

E antes que alguém diga que se trata de serviços de intermediação, é mister ressaltar que existem dois tipos distintos de intermediação: a de serviços e a financeira. A primeira é alvo do ISS, mas nunca a financeira, que se exaure nessas operações e só pode, se o caso, submeter-se ao IOF.

O Supremo Tribunal Federal já decidiu que não cabe ISS relativamente à datilografia, estenografia e expediente, uma vez que, nos estabelecimentos bancários, tais atividades

ISS, IOF E INSTITUIÇÕES FINANCEIRAS

representam simples meios da prestação dos serviços e não eles próprios. São despidos de autonomia própria, sendo inseparáveis da atividade financeira. A seu turno, expediente é apenas a expressão de serviços variados, prestados como atividade-meio do comércio bancário, que "não chegam a constituir um serviço próprio, autônomo". [68]

15.6 Emissão, reemissão e fornecimento de avisos, comprovantes e documentos em geral; abono de firmas; coleta e entrega de documentos, bens e valores; comunicação com outra agência ou com a administração central; licenciamento eletrônico de veículos, transferência de veículos; agenciamento fiduciário ou depositário; devolução de bens em custódia

Aqui cabe a separação entre trechos do subitem que correspondem à prestação de serviços daqueloutros em que se têm atividade tipicamente creditícia ou financeira. Penso comporem o primeiro grupo a emissão, reemissão e fornecimento de avisos e outros documentos. Há que se excluir, todavia, a emissão de comprovantes ou documentos e papéis da emissão e das movimentações creditícias, sem os quais elas não se efetivariam.

No pertinente à "coleta e entrega de documentos, bens e valores", é de advertir-se, de pronto, que, salvo excepcionalíssimas exceções, se têm, na espécie, atividades integrantes do contrato típico de transporte e, como tais, não suscetíveis de destaque para serem tributadas separadamente. Ademais disso, fazê-lo implica mutilar contrato típico e, com isso, fraudar a competência dos Estados e do Distrito Federal, aos quais competem os serviços de transporte intermunicipal e interestadual. Só caberá falar em serviços de "coleta e entrega de documentos, bens e valores", sujeitos ao ISS, nas excepcionais

---

68. *RTJ* 111/696.

situações em que essas atividades constituam o próprio fim perseguido e não atividades ou etapas integrativas (e imanentes) do contrato de transporte.

Com efeito, a coleta e entrega de documentos, bens e valores, salvo em situações específicas, adiante versadas, não configuram um fim em si mesmas, mas meras etapas do contrato de transporte. Deveras, o atual CC, em seu art. 730, estabelece:

> Art. 730. Pelo contrato de transporte alguém se obriga, mediante retribuição, a transportar, de um lugar para outro, pessoas ou coisas.

Em suas linhas mestras, o conceito do contrato de transporte mantém-se inalterável desde o Código Comercial de 1850, cuja primeira parte foi revogada pela Lei 10.406/2002.

Consoante preleciona Pontes de Miranda: "Contrato de transporte é o contrato pelo qual alguém se vincula, mediante retribuição, a transferir de um lugar para outro pessoa ou bens."[69] A seu turno, Orlando Gomes salienta que "o transporte constitui relação contratual autônoma, sujeita a regras peculiares. Pelo contrato de transporte, obriga-se uma das partes a deslocar pessoas ou coisas".[70] Destaca esse renomado autor que o transporte de mercadorias tem seu primeiro ato de execução na sua entrega ao transportador.

Da lição desses mestres, fica visível que o contrato de transporte tem início com a entrega, pelo remetente, ao transportador dos bens (mercadorias, coisas) e, após a deslocação de um lugar para outro, encerra-se com a entrega ao destinatário.

A perspectiva leiga pode, baseada na linguagem comum – na inadequada interpretação da lista – ao defrontar-se com os termos coleta, guarda, pressupor que os "serviços" possam

---

69. *Tratado de direito privado*, v.45, §4.852, n.2, p. 8.

70. *Ibidem*, p. 303.

ISS, IOF E INSTITUIÇÕES FINANCEIRAS

não mais ser de transporte de valores. Para o direito, todavia, o fim persistirá nítido: a prestação dos serviços de transporte de valores. As atividades em que se desdobra – coleta, execução e entrega – são, sempre e unicamente, meios para consecução desse único objetivo.

Constitui equívoco transmudar o contrato de transporte subsumido no subitem 16.01 da lista anexa à Lei Complementar 116/2003 em outro, tendo por consistência a "coleta e entrega de documentos, bens e valores" (subitem 15.06) ou os "serviços de coleta, remessa ou entrega de correspondências, documentos, objetos, bens ou valores, inclusive pelos correios e suas agências franqueadas; courrier e congêneres" (subitem 26.01).

É excepcional a coleta, pura e simplesmente, como fim. Coleta-se para transportar, no caso do serviço de transporte; coleta-se sangue para submetê-lo a exame laboratorial e não para simplesmente deslocá-lo, como um fim em si mesmo. Só é atividade-fim se, excepcionalmente, a coleta for o fim perseguido.

É hora de passar ao exame do trecho relativo à "comunicação com outra agência ou com a administração central". Nesse caso, estar-se-á diante de atividades subsidiárias à creditícia ou financeira, além de intramuros. Só poderia – não fosse a atividade tipicamente creditícia ou financeira – ser atingida pelo ISS na hipótese excepcional de tratar-se de contatos com outras instituições financeiras. No geral, tem-se singela recuperação de custos advindos dos meios de comunicação utilizados, como internet, telefone, fax, telex, digitalização e outros da espécie.

Diversamente, tem-se nítida prestação de serviço, sujeita ao ISS, nas hipóteses em que a instituição financeira intermedeia, onerosamente, junto aos órgãos a quem compete o licenciamento ou a transferência de veículos, é dizer, mediante um plus ao custo incorrido, exigido do seu cliente.

Já no caso de agenciamento fiduciário ou depositário, têm-se visíveis atividades de cunho financeiro, só passíveis de tributação por via de IOF.

Mais patente é a só possível incidência do tributo federal diante da custódia de bens, tais como, entre outros, debêntures ou ações, típicos títulos de crédito.

15.7 Acesso, movimentação, atendimento e consulta a contas em geral, por qualquer meio ou processo, inclusive por telefone, fac-símile, internet e telex, acesso a terminais de atendimento, inclusive 24 (vinte e quatro) horas; acesso a outro banco e a rede compartilhada; fornecimento de saldo, extrato e demais informações relativas a contas em geral, por qualquer meio ou processo

Tratam-se, na hipótese, de nítidos suportes, de cunho financeiro ou creditício, não suscetíveis de incidência do ISS. Essas atividades só existem para dar eficácia àquelas de natureza financeira, em sentido amplo. Note-se que, desaparecida a atividade financeira, todas as arroladas nesse subitem seriam desnecessárias, inúteis, sem sentido, inexistentes. A cobrança, como atividade acessória, segue o principal: atividade creditícia ou financeira. A situação bancária de alguém, compreendendo a consulta à sua posição atual, a movimentação e obtenção de extrato, enfim, o conhecimento do que se passa com sua conta, são atividades não só intimamente ligadas às operações financeiras que realiza, mas integrativas delas próprias. Por conseguinte, se tributáveis, só poderiam sê-lo pela União. É um imenso erro pensar que, em havendo cobrança, incide ISS.

ISS, IOF E INSTITUIÇÕES FINANCEIRAS

15.8 Emissão, reemissão, alteração, cessão, substituição, cancelamento e registro de contrato de crédito; estudo, análise e avaliação de operações de crédito; emissão, concessão, alteração ou contratação de aval, fiança, anuência e congêneres; serviços relativos a abertura de crédito, para quaisquer fins

Eis aqui subitem em que a invasão do campo de competência da União é escandalosamente flagrante. No primeiro grupo (o que vai até operações de crédito), o que se vê, com hialina clareza, é a descrição de atividades- meio, que viabilizam as operações de crédito. É óbvio que para conceder crédito, a instituição financeira desenvolva estas missões. Estudar, analisar, avaliar, sopesar a concessão de crédito e todas as demais atividades implicadas é da essência da operação creditícia. A eventual cobrança se dá por uma atividade financeira, de cunho subsidiário, acessório, que segue a atividade principal. A segunda atividade, que não existiria sem a primeira – dado o seu caráter acessório – prossegue sendo de natureza financeira, creditícia, esgotando-se no campo do IOF.

Portanto, não atinam, não podem atinar com o ISS os valores recebidos em decorrência de financiamento, de inadimplência (encargos financeiros) e de prestação de fiança e aval. São típicos negócios creditícios, financeiros, ou modalidades de prestação de garantia.

Se, como vimos, o negócio jurídico de financiamento – mesmo que se o veja como acessório de um outro negócio jurídico anterior, *v.g.* a compra de mercadorias nos estabelecimentos filiados, cujo valor é, depois, financiado – em nada se confunde com prestação de serviços, por conseguinte não pode ser assim qualificada a remuneração correspondente ao financiamento. Não sendo receita de serviços, não pode compor a base de cálculo do ISS. E mais: tratando-se de operação financeira, só a União pode alcançá-la, reservada que foi à sua competência privativa, *ex vi* do disposto no art. 153, VI,

97

AIRES F. BARRETO

da Constituição de 1988. Daí porque Geraldo Ataliba e Cléber Giardino, analisando hipótese similar, concluíram que:

> Sendo privativa da União a competência para tributar operações financeiras, ainda quando um determinado negócio se apresente sob a aparência primeira e superficial de unidade dos dois fatos (que são constitucionalmente reservados à competência privativa de duas entidades) fica excluída toda possibilidade de discrição do intérprete.[71]

Em face da rigidez da discriminação da competência, não podem União, Estados, Distrito Federal e Municípios incluir, na base de cálculo dos impostos que lhes competem, valores relativos a negócios jurídicos compreendidos na competência tributária de esfera diversa de governo. Ora, na espécie, sendo certo competir à União, em caráter de exclusividade, a instituição de imposto sobre operações de crédito (financeiras), só ela pode tributá-las.

Não é demais repetir que a Constituição não se limita a repartir competências; define, também, os arquétipos das várias hipóteses de incidência e, ao fazê-lo, implicitamente, encaminha as bases de cálculo cabíveis.

As operações de crédito são tributáveis pela União em caráter privativo, por força de disposição constitucional. Logo, não podem os Municípios alcançá-las com o ISS.

Se, na constituição do crédito tributário pelo lançamento, a administração municipal, a pretexto de exigir ISS, incluir na base de cálculo desse imposto o valor das operações de crédito, praticará ilegalidade e, concomitantemente, "inconstitucionalidade, por invasão de competência alheia".

As normas infraconstitucionais não podem inovar nessa matéria porque o critério de discernimento entre os vários arquétipos das hipóteses de incidência decorre da própria Constituição.

---

71. "ICM – Base de Cálculo", cit., p. 113.

ISS, IOF E INSTITUIÇÕES FINANCEIRAS

Por essas razões, é que os mesmos mestres Geraldo Ataliba e Cléber Giardino foram incisivos: "Tratando-se de valor imputável a negócio distinto, e pertencente a outra competência tributária, não pode ser arbitrariamente somado ou acrescido à base de cálculo do ISS."[72]

Na mesma esteira, o professor Heron Arzua, um dos melhores estudiosos dessa matéria, a propósito de questão relativa ao ICMS, preleciona:

> Uma base imponível que contemple montante pertinente ao valor do financiamento ou à parcela de uma operação de crédito, como núcleo da hipótese de incidência, confere ao imposto a natureza jurídica de um imposto sobre operações de crédito, e não sobre a venda mercantil. O ICMS não é, pois, imposto cuja natureza aceite em seu núcleo fato representativo de juros ou financiamento.[73]

José Eduardo Soares de Melo, por sua vez, explica bem a questão, nos seguintes termos:

> A remuneração correspondente ao negócio de crédito – embora decorrente da compra-e-venda realizada – não integra o valor da operação mercantil. Isto fica saliente se se considerar que a Constituição estabelece serem tributáveis, privativamente pela União, as operações financeiras (art. 153. V). Assim, fica absolutamente inviabilizada a inclusão discricionária de incluir a remuneração do financiamento no valor da operação mercantil. Se a União não pode tributar o negócio mercantil, pelo IOF, também não podem os Estados (e o DF) pretender submeter ao ICMS o que corresponda o negócio de crédito, sob pena de invasão de competência. Daí a inconstitucionalidade da lei que assim disponha, ou a ilegalidade do ato administrativo que desse modo conclua.[74]

---

72. "ICM – Base de Cálculo", cit., p. 113.

73. "Incidência do ICMS sobre o preço da venda e não sobre o valor do financiamento" *RDT* 67/355.

74. "ICMS Teoria e Prática", São Paulo: Dialética, 1995, p. 112.

AIRES F. BARRETO

Mutatis mutandi, se a União não pode tributar as prestações de serviços sujeitas ao ISS ou ao ICMS, pelas mesmas razões – as competências são privativas, exclusivas, e sua outorga é rígida e inflexível, insuscetível de manejo pelo legislador ordinário – não pode o Município tributar as operações de crédito.

O fisco federal reconhece a impossibilidade de exigência de imposto outro, diverso do IOF, nas hipóteses de financiamento, salientando que:

> (...) na celebração do contrato de compra, com financiamento, de um bem de capital, ocorrem efetivamente duas transações distintas, não obstante muitas das vezes se completem a um só tempo e através do mesmo instrumento. A primeira é uma operação comercial de compra e venda de determinado bem, por preço determinado; a segunda, é uma operação de financiamento do preço estipulado para o bem adquirido, acrescendo despesas de financiamento (...)

> Desta forma, as despesas de financiamento, calculadas sobre o valor mutuado nos contratos vinculados à aquisição de bens de ativo imobilizado, não constituem custo adicional do preço dos bens e, portanto, não devem ser ativadas.[75]

> Por outro lado, se no contrato, ou nos títulos que representem o crédito do vendedor pelas prestações vincendas, constarem valores a título de juros ou equivalente, ocorreram duas transações distintas, ainda que no mesmo instrumento: uma operação de compra e venda, por preço determinado, e uma operação de financiamento do referido preço. Obviamente, os juros remuneratórios do capital não financiado não integram o preço da transação.[76]

É ilegal, *rectius* inconstitucional, pretender submeter ao ISS o financiamento – que não constitui obrigação de fazer, mas de dar – porquanto esse tipo de negócio jurídico contém-se, claramente, dentro do âmbito de incidência do IOF e, como tal, deve ser tratado.

---

75. Parecer Normativo CST 127/73, de 12.09.1973.

76. Parecer Normativo CST 63/75, de 30.05.1975.

ISS, IOF E INSTITUIÇÕES FINANCEIRAS

O Poder Judiciário — nem poderia ser de outra maneira — tem abonado esse entendimento. O Tribunal de Justiça de São Paulo, ao apreciar questão cujo cerne é idêntico ao daqui versada, decidiu:

> "Imposto. Circulação de Mercadorias. Vendas efetuadas através de cartão de crédito emitido pelo próprio vendedor. Acréscimos relativos ao financiamento que não se incluem na base de cálculo do ICM (...).[77]

> "ICMS. Base de cálculo. Valor da mercadoria. "Venda a prazo" e "venda financiada". Diferenças. Operações comerciais realizadas com o uso de cartão de crédito. Modalidade de "venda financiada". Encargos decorrentes do financiamento que não integram a base de cálculo do ICMS. Montante que é exigido em razão da prestação do serviço e não em virtude do próprio financiamento. Entendimento em sentido contrário implicaria recolhimento de ICMS sobre valor diverso daquele constante na nota fiscal e em descompasso com o montante pago, de forma indireta, pelo consumidor. O valor do produto não é diminuído quando o pagamento é feito com cartão. O comprador desembolsa a mesma quantia seja qual for a forma de pagamento e, por tal razão, o ICMS deve incidir sobre o valor de saída da mercadoria, sendo defeso somente a inclusão de encargos relativos ao financiamento em si mesmo. (...)"[78]

Na mesma esteira, o Superior Tribunal de Justiça já sumulou entendimento:

> Nas operações com cartão de crédito, os encargos relativos ao financiamento não são considerados no cálculo do ICMS.[79]

E, por diversas oportunidades, ratificou essa exegese:

> Sabendo-se que o ICMS incidirá sobre a saída de mercadorias de estabelecimento comercial, industrial ou produtor, e que a

---

77. Ap. Civ. 95.488-2, 15ª CC, Rel. Des. Borroul Ribeiro, j. 13.08.1986 - *RJTJ*ESP vol. 104, pp. 193/6.

78. Recurso de Apelação com revisão 9060934-58.2006.8.26.0000, Rel. Antonio Rulli; j. 04.02.2009, data de registro: 26.02.2009.

79. Súmula 237 do Superior Tribunal de Justiça.

AIRES F. BARRETO

> base de cálculo da citada exação é o valor da operação de que decorrer a saída da mercadoria, óbvio fica a impossibilidade de que esse imposto venha a incidir sobre o financiamento, até porque este é incerto quando da concretização do negócio comercial.[80]

> Os encargos relativos ao financiamento, seja este decorrente ou não de operação com cartão de crédito, não integram a base de cálculo do ICMS. Interpretação analógica do enunciado sumular 237/STJ (...).[81]

A Suprema Corte, analisando o tema do financiamento, em caso de cartão de crédito, corrobora essa linha de pensamento:

> Embora o financiamento do preço da mercadoria, ou de parte dele, seja proporcionado pela própria empresa vendedora, o ICM há de incidir sobre o preço ajustado para a venda, pois esse é que há de ser considerado como o do valor da mercadoria, e do qual decorre a sua saída do estabelecimento vendedor. O valor que o comprador irá pagar a maior, se não quitar o preço nos 30 dias seguintes, como faculta o contrato do Cartão Especial, decorre de opção sua, e o acréscimo se dá em razão do financiamento, pelo custo do dinheiro, e não pelo valor da mercadoria.[82]

Nesse aresto, o Ministro Djaci Falcão, em seu voto, salientou:

> (...) os encargos do financiamento não podem, evidentemente, integrar as despesas da operação de venda para efeito da cobrança do tributo, no caso o ICM, como também demonstrou, da tribuna, o eminente Patrono da recorrente. O tributo é sobre o fato gerador, não sobre o acréscimo decorrente de possível financiamento. Mera operação de financiamento não enseja a incidência do ICM sobre o valor total decorrente desse mesmo financiamento.[83]

---

80. AgRg no Ag 862.500/MG, Rel. Ministro José Delgado, *DJ* 29.06.2007, p. 507.

81. AgRg no REsp 902.741/SC, Rel. Ministro Luiz Fux, *DJ* 15.10.2007, p. 246.

82. RE 101.103-0-RS, 2ª T, Rel. Min. Aldir Passarinho, j. 18.11.1988. *JSTF*, vol. 127, pp. 130/145) ou *RT* 649/183 e seguintes.

83. *RT* 649/190.

ISS, IOF E INSTITUIÇÕES FINANCEIRAS

Alerte-se, de outra parte, a irrelevância de estar, ou não, sendo exigido o imposto sobre operações financeiras, em razão dos negócios de financiamento que alguém realize. O caráter absolutamente rígido e exclusivo da discriminação constitucional de competências impede que qualquer das entidades públicas amplie seus poderes ou faculdades tributárias de modo a abranger outros, não sendo sequer favorável à argumentação de que a competência alheia não está sendo exercitada (cf. frequentes lições de Geraldo Ataliba e Cléber Giardino). Por isso, o CTN dispôs, em seu art. 8º, que "o não exercício da competência tributária não a defere a pessoa jurídica de direito público, diversa daquela a que a Constituição a tenha atribuído".

Diversa não é a solução a ser dada, na hipótese de encargos financeiros provenientes de inadimplemento contratual. É claro o fato de as receitas provenientes de multas, juros e outros encargos, exigíveis dos associados que não liquidam seus débitos nas datas convencionadas, também não correspondem a nenhum serviço. É, pois, vedada a inclusão desses valores na base de cálculo do ISS. Também aqui se está diante de receitas decorrentes de contrato autônomo, específico; também aqui, cuida-se de receita que não provém de nenhuma prestação de serviço; tais valores são meros frutos de operações financeiras, que só podem ser tributados pela União. Alcançá-los com o ISS é tributar operações financeiras, em relação às quais não detém o Município competência. Logo, é incidir em inconstitucionalidade, por invasão de competência, para valermo-nos da eloquente terminologia do saudoso Amilcar Falcão.

Em resumo, seja diante de encargos financeiros frutos de inadimplência, seja diante de encargos financeiros decorrentes de financiamento, não se há falar em incidência do ISS. Fazê-lo implica flagrante ofensa à Constituição.

Pelas mesmas razões, não incide ISS sobre avais ou fianças. As receitas auferidas em razão desse negócio, portanto, não são passíveis de sofrer oneração por via desse imposto.

103

Tomá-las como base de cálculo desse imposto municipal é, assim, praticar ato eivado de nulidade, porque sobre ser ilegal, é inconstitucional, importando invasão de competência privativa da União.

Fiança é o contrato pelo qual uma pessoa assegura (garante) satisfazer ao credor determinada obrigação assumida pelo devedor, no caso em que este não venha a cumpri-la.[84] É de uma evidência solar que se têm prestações de garantia, nunca prestação de serviços.

Dissemos que prestação de garantia é operação financeira ou creditícia. Para melhor compreender as conclusões acerca da natureza jurídica da prestação de garantia, é útil distinguir três diferentes vínculos obrigacionais: (1) o que liga o afiançador e o fornecedor do crédito; (2) o que une o afiançado a esse fornecedor do crédito; e, por fim, (3) o que conecta o afiançado e o afiançador ou garante.

O vínculo entre o afiançado e o fornecedor de crédito pode originar-se de um (a) contrato de financiamento ou mútuo, (b) de um contrato de prestação de serviços, *v. g.*, a construção de uma obra civil, (c) contrato de locação de uma casa. As obrigações de cada um desses diferentes negócios, aos quais se ligará a garantia (com os riscos e as vantagens que lhe são próprias), têm, induvidosamente, naturezas jurídicas diversas. Apesar da diversidade desses contratos, a prestação de garantia, em qualquer desses três negócios, continuará a ter a mesma natureza, de operação financeira, e não de prestação de serviços. Deveras, apesar de firmados três diferentes vínculos obrigacionais, quais sejam, no primeiro uma operação de crédito (obrigação de dar), no segundo uma prestação de serviços (obrigação de fazer) e no terceiro, uma locação de bem imóvel (também obrigação de dar), a natureza jurídica da prestação de garantia prosseguirá sendo, sempre e só, uma obrigação de dar.

---

84. Ver art. 818 da Lei 10.406 de janeiro de 2002 (Código Civil).

ISS, IOF E INSTITUIÇÕES FINANCEIRAS

Daí dizer-se que, para caracterizar a garantia como operação financeira, e não prestação de serviços, é irrelevante se o negócio jurídico afiançado consiste em obrigação de dar ou de fazer (entre o afiançado e o terceiro, seu credor) em relação ao qual o garante correrá os riscos de perda ou vantagem. Outra coisa, portanto, é dizer-se que a prestação de garantia constitui obrigação, pelos aspectos ou elementos intrínsecos que lhe dão a essência, cuja prestação corresponde a uma obrigação de dar.

Reitere-se, no entanto, que, não sendo uma obrigação de fazer, não poderia jamais render espaço à exigência de ISS. Todavia, ainda que, por hipótese, assim fosse, não configuraria, como não configura, uma prestação de serviços, à míngua do núcleo ou essência do conceito: o esforço humano, no sentido indicado pelo termo trabalho, desenvolvido em benefício de outrem.

A conclusão de que a prestação de fiança não é serviço, pelas razões até aqui expostas, impõe – pena de incoerência, contradição e ofensa à lógica elementar – o reconhecimento e a admissão, em toda sua extensão, de todas as consequências jurídicas que dela, inelutavelmente, decorrem, dentre elas, especialmente, a de que, se uma dada atividade econômica que não é serviço, não é nem pode ser gravada pelo imposto municipal (ISS), que recai somente sobre a atividade econômica constitutiva de prestar serviço.

A fiança é garantia pessoal e deriva de contrato pelo qual uma pessoa assume para com o credor a obrigação de pagar a dívida do devedor, se este não o fizer. O aval também é garantia, mas é garantia tipicamente cambiária, para qual o avalista garante ao credor o pagamento do título de crédito.

De tal sorte, é mais que plausível a tese de que esses institutos não engendram prestação de serviços.

Se há a estipulação de vantagem pecuniária ao fiador ou avalista, isso não significa preço pelo serviço, mas compensação pelo risco. Orlando Gomes, lecionando sobre o contrato

105

AIRES F. BARRETO

de fiança, caracteriza-o como gratuito "o fiador assume a responsabilidade subsidiária ou solidária do pagamento, sem qualquer vantagem" e conclui: "Contudo, não é proibida a estipulação, em favor do fiador, de vantagens pecuniárias que compensem os riscos, forte no escólio de Eduardo Espínola."[85]

É preciso observar, ainda, que o contrato de prestação de fiança – significando a assunção, pelo afiançador, da obrigação perante o credor de satisfazer seu crédito, se o devedor não o fizer – pode pressupor, naturalmente, (1) a confiança do credor (o afiançado) em relação ao que afiança e (2) a confiança deste, em relação ao devedor. Cabe advertir, entretanto, que esse pressuposto – o da confiança na outra parte – não é elemento do contrato, não o integra; pode constituir-se, porém, em fator que, de fato, influencia a formação da vontade dos contratantes, no sentido de deliberarem celebrá-lo, ou não. O certo é que o aspecto da confiança das partes não é integrante do contrato de garantia, muito menos tem aptidão para determinar sua compostura fática, tampouco sua natureza jurídica.

O aceite, por sua vez, é equiparável ao aval, consubstanciado num "empréstimo de crédito" que o creditador-sacado-aceitante faz ao sacador-creditado. Assim, o aceite bancário não é um "serviço" que o banco (ou a sociedade financiadora) presta a terceiros sem assumir a condição de parte nas operações por estes praticadas. O aceite bancário é uma "operação" que o banco (ou a sociedade financeira) pratica pessoalmente, assumindo riscos e obrigações. Trata-se de negócio jurídico bancário, isto é, operação bancária típica. Nesse caso, a atividade remunerada é a que consiste na prestação de avais, fianças, endossos ou aceites. Ora, avais, fianças, endossos ou aceites são atos jurídicos através dos quais se assumem obrigações, entendida esta expressão em sentido genérico (no caso da fiança) ou no sentido específico de responsabilidades cambiárias (no caso do aval, do endosso ou do aceite). Logo, as comissões pertinentes, não sendo remuneratórias de serviços,

---

85. *Contratos*, Forense, 1984, 10ª ed., p., 493.

106

ISS, IOF E INSTITUIÇÕES FINANCEIRAS

mas de operações financeiras, não podem ser adotadas como base de cálculo de um imposto que incide sobre aquele, mas não sobre estas.

É evidente equívoco, portanto, afirmar que a relação entre o avalista e o avalizado não decorre da confiança existente entre as partes, para concluir que, por isso, seria "mero contrato de serviço", ou que, em se tratando de instituição financeira, ela garantiria "qualquer negócio, até um determinado valor que corresponderia ao serviço adquirido". Essas proposições sem sentido revelam, de um lado, desconhecimento, no plano fático, da compostura dos negócios correntemente celebrados, e, de outro, desconhecimento dos elementos que, para efeitos jurídicos, são notas típicas dos contratos de garantia, como o são, dentre outros, a fiança, o aval e o aceite, celebrados com as instituições financeiras ou creditícias, caracterizados como negócio ou operação dessa mesma natureza.

É fato notório, de todos sabido, que as instituições financeiras – inclusive como injunção das normas que regulam seu funcionamento, visando à preservação de sua liquidez e da sua saúde financeira – não fecham (nem podem fechar) operações ou negócios financeiros e creditícios que tenham reflexos no seu passivo, sem, antes, conhecer a vida intestina dos seus clientes, notadamente seus dados patrimoniais e financeiros, reveladores das suas reais possibilidades de saldar seus encargos e satisfazer as obrigações que assumem. Então, não se vai a um banco "comprar uma garantia" (de prateleira, como se costuma dizer das mercadorias que se prestam para uso geral e indiscriminado, sendo passível de utilização por todos quantos delas precisam e queiram adquiri-la), como se vai a um estabelecimento comercial comprar uma coisa qualquer, como agulha, trator ou outra de que se tenha necessidade.

Para a celebração ou fechamento de um contrato de garantia com uma instituição financeira, é preciso que o cliente, antes, haja demonstrado, perante ela, suas efetivas possibilidades de honrar os compromissos financeiros, pagando os débitos assumidos com terceiros. Do mesmo modo, o credor exigirá que, previamente, o devedor lhe demonstre, pelos meios de praxe, a idoneidade financeira e o nível de liquidez da instituição financeira que, perante ele (credor), obrigar-se -á a satisfazer seu crédito, caso o devedor não o faça.

Nem por isso, como vimos, procede o argumento que se baseia na presença ou não do elemento confiança entre as partes para concluir seja integrante e essencial para a configuração do contrato de garantia, muito menos para efeitos de determinar-lhe a natureza jurídica específica.

A prestação de serviços se origina de contrato comutativo – prestações equivalentes –, enquanto que na prestação de garantia não há comutatividade, mas álea; também por isso, não está compreendida no conceito constitucional de serviços a que alude a Constituição Federal para demarcar o âmbito dentro do qual se contém a competência municipal para tributar serviços.

A remuneração da prestação de garantia não desnatura sua qualificação de operação financeira ou creditícia. Deveras, a remuneração cobrada do devedor, pelo garante, não é comutativa, isto é, sua determinação não é equivalente à dimensão econômica do proveito que lhe for advindo pela garantia. Nessa, não há prestações comutativas, é dizer, recíprocas e equivalentes. Relembre-se, mais uma vez, que a obrigação do garante é de pagar o débito, no caso de o devedor não solver sua obrigação. Portanto, é obrigação somente exigível na presença desse fato incerto e futuro, vale dizer, está sujeita à álea. Ensinam os estudiosos do Direito Civil, entre eles Washington de Barros Monteiro, ser este elemento característico dessa espécie contratual:

> A palavra "aleatório" vem do latim *alea* que quer dizer sorte, êxito, azar, perigo, incerteza da fortuna, ato ou empresa dependente do acaso do destino (...).
>
> Consequentemente, "contratos aleatórios serão aqueles em que as prestações de uma ou de ambas as partes são incertas, porque a sua extensão ou quantidade está na dependência de um fato ignorado e de que pode redundar perda, ao invés *(sic)* de lucro".

ISS, IOF E INSTITUIÇÕES FINANCEIRAS

Nas lições do acatado doutrinador, a distinção entre o contrato aleatório e o comutativo está, justamente, na incerteza quanto às prestações fixadas entre as partes, dependentes de acontecimento futuro e incerto:

> Não se confundem com os contratos comutativos. Nestes, as recíprocas prestações são fixadas pelas próprias partes; essas prestações são equivalentes e insuscetíveis de variação. Naqueles, intervindo o risco, subordinam-se as prestações à álea de acontecimento desconhecido e incerto, de que pode resultar para um e outro contratante perda ou vantagem cuja extensão é ignorada.[86]

Submetidas as operações financeiras ao imposto federal (IOF), restam excluídas da competência tributária municipal. Lembre-se, ademais, que, tendo em conta os propósitos de ordem monetária e creditícia, a Lei 4.595/64 considera a prestação de garantia como operação creditícia.

Para demarcar mais fortemente a linha adotada neste estudo – que conclui pela impossibilidade de submeter ao ISS atividade não incluída no conceito constitucional de serviço – traz-se à colação decisão do Excelso Pretório, em julgado do qual foi Relator o culto Ministro Marco Aurélio, assentando que:

> Na espécie, o imposto, conforme a própria nomenclatura revela e, portanto, considerado o figurino constitucional, pressupõe a prestação de serviços e não o contrato de locação.

> Indago se, no caso, o proprietário do guindaste coloca à disposição daquele que o loca também algum serviço. Penso que não. Creio que aí se trata de locação pura e simples, desacompanhada, destarte, da prestação de serviços. Se houvesse o contrato para essa prestação, concluiria pela incidência do tributo.

> Em face do texto da Constituição Federal e da legislação complementar de regência, não tenho como assentar a incidência do tributo, porque falta o núcleo dessa incidência, que são os serviços. Observem-se os institutos em vigor tal como se contêm na

---

86. MONTEIRO, Washington de Barros. *Curso de direito civil.* Direito das obrigações. 2ª ed. São Paulo: Saraiva, 1967, p. 83.

legislação de regência. As definições de locação de serviços e locação de móveis vêm-nos do Código Civil e, aí, o legislador complementar, embora de forma desnecessária e que somente pode ser tomada como pedagógica, fez constar no Código Tributário o seguinte preceito:

"Art. 110. A lei tributária não pode alterar a definição, o conteúdo e o alcance de institutos, conceitos e formas de direito privado, utilizados, expressa e implicitamente, pela Constituição Federal, pelas Constituições dos Estados, ou pelas Leis Orgânicas do Distrito Federal ou dos Municípios, para definir ou limitar competências tributárias."

Em síntese, há de prevalecer a definição de cada instituto, e somente a prestação de serviços, envolvido, na via direta, o esforço humano, é fato gerador do tributo em comento. Prevalece a ordem natural das coisas cuja força surge insuplantável; prevalecem as balizas constitucionais e legais, a conferirem segurança às relações Estado-contribuinte; prevalece, ao fim, a organicidade do próprio Direito, sem a qual tudo será possível no agasalho de interesses do Estado, embora não enquadráveis como primários.[87]

Esse voto do eminente Ministro Marco Aurélio — brilhante demonstração da incansável atuação da nossa Excelsa Corte, como guardiã da supremacia da Constituição Federal – afirma a eficácia e confere efetividade às balizas constitucionais, em matéria tributária, decisivas para a preservação de interesses públicos primários, garantindo, concretamente, a segurança dos administrados nas suas relações com o Estado.

Indubitavelmente, esse voto é o eloquente resultado da interpretação sistemática do direito, indispensável para a percepção e respeito aos limites antepostos pela Constituição ao exercício do poder estatal. Como antes já se ressaltou, nisso reside a importância do esforço exegético, tendo por base as regras e princípios constitucionais, inclusive, como no caso, para desvendar o conteúdo, o sentido e o alcance do conceito constitucional de serviço, pelo qual a Constituição Federal

---

87. PLENO, RE 116.121-3 SP, Rel. Min. Marco Aurélio Mello, *DJe* 25.05.2001.

identifica e circunscreve a faixa da competência tributária que outorgou aos Municípios, para impor o imposto respectivo.

O conceito denotado pelo termo "serviço", empregado pela Constituição Federal para delimitar a competência do Município para instituir ISS, implica "prestação de esforço humano a terceiros, com conteúdo econômico, em caráter negocial, sob regime de direito privado, mas sem subordinação, tendente à obtenção de um bem material ou imaterial".

Não excede reiterar que, consoante os civilistas, a prestação de garantia decorre de uma obrigação de dar, surgida da necessidade de conferir segurança a certas operações financeiras ou creditícias (seria um "empréstimo de crédito", conforme a doutrina do saudoso Orlando Gomes). Esses autores ressaltam que a prestação de garantia não pode, rigorosamente, ser tida por obrigação de fazer, por faltar-lhe o elemento ou aspecto que constitui o núcleo do conceito de fazer, que, em sua essência, consiste em esforço humano despendido em proveito de outrem. Em outras palavras, a prestação de garantia não está compreendida no conceito de serviço, por não expressar, nem exigir, desenvolvimento de esforço humano, no sentido de trabalho, núcleo do conceito constitucional de serviços para fins de exigência de ISS. Mesmo os poucos doutrinadores que a classificam como prestação de obrigação de fazer esclarecem que essa opção não implica vê-la como "serviço", em face da ausência do núcleo consistente na prestação de esforço humano a terceiros.

O prestar garantia, por qualquer de suas modalidade (fiança, aval, aceite ou outras), não configura prestação de serviço, para efeitos do ISS. Esse é o ensinamento de Clóvis Beviláqua – forte nas lições do memorável Savigny – com companhia confortável e respeitabilíssima de Carvalho Santos – ao explicar que há prestações que "interessam ao credor, sem que possam classificar-se como trabalho, porque o que neles importa é menos o desenvolvimento da atividade do devedor; mas, sim, as vantagens que trazem ao credor, como quando

AIRES F. BARRETO

alguém se obriga a prestar fiança a favor de outrem, hipótese em que o trabalho é insignificante; mas o valor do fato nasce da possibilidade que a fiança traz ao afiançado, de realizar a operação jurídica para a qual era exigida essa segurança", `à qual " vem se ligar, de um lado, os riscos, e do outro, as vantagens do crédito fornecido."O fato de haver remuneração não desfigura a natureza jurídica da prestação de garantia. É por isso que, segundo o direito privado, é admitida sua estipulação pelas partes (note-se que as considerações expostas neste estudo, todas, tomam por pressuposto a prestação de garantia remunerada; fosse graciosa, não se poderia cogitar de nenhum imposto, dada a ausência de base de cálculo. A incidência de imposto somente ocorre quando o fato apresenta uma expressão econômica, e sobre ela é que se cogitará de exigir imposto).

A remuneração da prestação de garantia tem razão de ser, e assim é estipulada, nos riscos a que se expõe o garante, de vir a ter que pagar o débito, se o devedor não o fizer. Relembre-se que dar garantia não constitui prestação de serviço; logo, a remuneração que lhe corresponde não pode, por decorrência lógica, ser contraprestação de serviço.

Alguns escritores têm dito que nas "operações" de aval, fiança ou outras do gênero, há uma prestação de serviços. Veja-se como desde logo se enleiam. Se são operações, nunca poderiam ser suscetíveis de incidência do ISS. Já vimos que o ISS só pode incidir sobre o fato "prestação de serviço"; nunca sobre "operações de serviço" (contradição nos termos). Operação é negócio jurídico, incompatível com o fato prestação de serviços.

O próprio Código Civil evidencia que não se trata de prestação de serviços, mas sim de prestação de garantia. Deveras, consoante esse diploma legal, "o pagamento de título de crédito, que contenha obrigação de pagar soma determinada, pode ser garantido por aval".[88]

---

88. Art. 897 da Lei 10.406 de 10 de janeiro de 2002 (Código Civil).

112

ISS, IOF E INSTITUIÇÕES FINANCEIRAS

De tudo se conclui, pois, que: a prestação de garantia (gênero), quaisquer que sejam suas espécies (aval, fiança ou outra modalidade), por não configurar o objeto de uma obrigação de prestar serviço e não constituir desenvolvimento de esforço humano, por óbvio, não pode (a) estar incluída entre os serviços definidos pela lei complementar como tributáveis pelo ISS, (b) nem pode ser prevista, pela lei ordinária municipal, como hipótese de incidência desse imposto.

Em decorrência, há evidente inconstitucionalidade na norma contida no art. 1º, subitem 15.08, da Lei Complementar 116/2003, que desborda o conceito constitucional de serviço, incidindo no vício de invalidade que o art. 110 do CTN ressalta, ao incluir, entre os serviços tributáveis pelo imposto municipal, "a emissão, concessão, alteração ou contratação de aval, fiança, anuência e congêneres" (trecho do subitem 15.08 da lista anexa à Lei Complementar 116/2003, ao qual o seu art. 1º remete). Pelas mesmas razões, tingem-se de inconstitucionalidade as normas de lei municipal que, copiando essa lei nacional, descreve a prestação de garantia como hipótese de incidência do ISS.

Escusado repetir que a lei complementar não outorga competência tributária – nem mesmo podendo alterar, quer para ampliar, quer para reduzir, as parcelas que a Constituição discrimina – pelas sólidas razões antes expostas, decorrentes de princípios constitucionais que constituem vigas mestras (chave de abóbada, como figurava Geraldo Ataliba) da ordenação jurídica por ela fundada. Portanto, constituirá grave e cabal erronia jurídica eventual alegação de que a previsão dessa operação creditícia ou financeira na lei municipal, como hipótese de incidência do ISS, possa tornar-se válida por estar listada, na lei complementar, entre os serviços tributáveis por esse imposto municipal.

Dentre as tarifas bancárias que os Municípios pretendem promover a tributação com base neste subitem, estão aquelas advindas das atividades de adiantamento a depositantes, merecendo a matéria, por sua relevância, um tópico apartado.

113

15.8.1 Considerações sobre a base de cálculo do ISS

Dentro dos limites constitucionais, a base de cálculo natural do ISS é o preço do serviço. A seu turno, preço do serviço é a contraprestação que o tomador ou usuário do serviço deve pagar diretamente ao prestador (ou, visto de outro prisma, preço do serviço é o valor a que o prestador faz jus, pelos serviços que presta). Por preço do serviço deve-se entender a receita bruta dele proveniente, sem quaisquer deduções.

Este último trecho do conceito ("sem quaisquer deduções") tem levado alguns aplicadores da lei, no âmbito administrativo, ao cometimento de manifestos equívocos. Olvidam-se ou não percebem que a cláusula "sem quaisquer deduções" está umbilicalmente ligada à proposição antecedente "receita bruta dele proveniente". Só pode integrar a base de cálculo do ISS a receita bruta, sem deduções, que provenha de serviços. Não se pode efetuar dedução apenas e tão só naquela receita bruta que decorre, que provém diretamente da prestação de serviços.

Em outras palavras, se a receita for de serviços, não se poderá proceder a deduções. Mas isso não significa que se possa incluir, na base de cálculo do ISS, quaisquer outros valores que, embora configurem receita, não provenham da prestação de serviços atribuídos à competência dos Municípios.

Não se pode ter por referidas a serviço todas e quaisquer receitas que venham a ser auferidas por pessoas, físicas ou jurídicas, mesmo as que, por hipótese, só se dediquem à prestação de serviços. Uma prestação de serviço à qual não corresponda nenhuma contraprestação a cargo do tomador, ou usuário, não equivale ao conceito de serviço tributável pelo ISS porque, para a composição deste, a presença do aspecto quantitativo, correspondente àquele eleito pelo legislador (preço do serviço), é essencial.

Nem tudo que se recebe, no desenvolvimento de uma atividade – mesmo se ela envolver eventual prestação de serviços

ISS, IOF E INSTITUIÇÕES FINANCEIRAS

– pode integrar a base de cálculo do ISS. É sempre necessário examinar qual o fundamento jurídico do auferimento de determinada receita.

Mesmo se a resposta for a de que se trata de receita proveniente de prestação de serviços, será preciso investigar se ela é fruto de prestação de serviço de competência dos Municípios. Só depois de confirmada essa competência é que se poderá concluir por ser o preço alcançável pelo ISS.

Nos casos concretos, somente se poderá cogitar da incidência, ou não, do ISS sobre os serviços efetivamente prestados. Só nesse átimo ter-se-á presente a condição necessária e suficiente à ocorrência do fato tributário.

Examinando a questão de prisma positivo, tem-se que a base de cálculo do ISS é o preço do serviço, nele (preço) incluído o que for pago pelo tomador (utente, usuário) ao prestador, desde que provenha da prestação de serviços; não incluído, por consequência, o que constitua receita de terceiros. Essa proveniência determina-se pela precisa identificação do negócio jurídico desencadeador das receitas. Vista de ângulo negativo, tem-se que a base de cálculo do ISS não inclui – e nem poderia – valores que decorram de negócios outros, inconfundíveis com a prestação de serviços ou os que constituam receita de terceiros.

É ilegal (*rectius*, inconstitucional), assim, a inclusão de valores correspondentes a negócios paralelos, distintos da prestação de serviços, ou receita de terceiros, na base de cálculo do ISS.

A circunstância de determinados negócios jurídicos serem contratados ao mesmo tempo, pelas mesmas partes, não autoriza o absurdo entendimento de que todas as receitas se integrem a prestação de serviços. É preciso distinguir as que incrementarão o patrimônio do prestador (verdadeiras receitas componentes da base de cálculo do ISS), das que, embora por ele recebidas, não alterarão seu patrimônio, por constituírem receitas pertencentes a outras pessoas.

115

É de bom aviso ter presente: se o legislador não pode exceder as pautas constitucionais, com maior razão não podem fazê-lo nem o intérprete nem o aplicador da lei.

Resumindo: a base de cálculo do ISS, salvo exceções não pertinentes ao caso, é o preço do serviço, vale dizer, a receita auferida pelo prestador como contrapartida pela prestação do serviço tributável pelo Município ou pelo Distrito Federal ao qual cabem os impostos municipais.[89] Receita auferida pelo prestador que (a) não corresponda à remuneração pela prestação de serviços de competência dos Municípios não poderá ser tomada como base de cálculo do ISS, sob pena de desfigurá-la, e (b) receita pertencente a terceiros, ainda que transitem pelo seu caixa, também não podem compor a base de cálculo do ISS, sob pena de, no mais das vezes, implicar, ainda, invasão de competência tributária alheia.

E, obviamente, onde não houver receita, jamais se poderá cogitar de exigência de ISS, pela singela razão de que, nessa hipótese, preço não há.

Em suma, a via que conduz à formulação de exigência nula (ilegal e inconstitucional) não é somente a que tributa atividade sobre a qual o imposto, claramente, não incide. Muitas e muitas vezes – sobretudo com a complexidade e diversidade crescentes das atividades, em nossos dias – a nulidade da exigência de ISS ocorre pela adoção de base de cálculo inadequada, incompatível com a materialidade da hipótese de incidência do imposto que se declara exigir, ou resulta da pretensão de exigir imposto onde base (preço) não há.

Daí porque, nos casos em que a atividade considerada, por sua natureza ou por suas características, pode ensejar dúvidas sobre a sua efetiva compostura, dificultando a conclusão sobre sua correspondência, ou não, com a materialidade da hipótese de incidência de dado imposto, o exame da base

---

89. Em várias passagens, as referências feitas à competência dos Municípios para exigir ISS estendem-se ao Distrito Federal, uma vez que lhe cabem, como salientado anteriormente, ao lado dos estaduais, também os impostos municipais.

ISS, IOF E INSTITUIÇÕES FINANCEIRAS

de cálculo mostra-se o único critério seguro para dirimir essas dúvidas. Analisando-se as receitas sobre as quais se cogita calcular o ISS, exsurge, claramente, a efetiva natureza da atividade da qual decorrem e, aí, fica clara a congruência (ou a não congruência) da subsunção do fato concreto à hipótese legal do imposto. E, de outra parte, se base de cálculo não houver, fica visível a impossibilidade de exigir-se ISS, em face da inexistência de um dos termos do critério quantitativo, sem o qual não se perfaz a norma jurídica tributária.

Nas questões surgidas de relações jurídicas complexas, o primeiro passo para o seu adequado equacionamento exige detido exame dos vários contratos ou das múltiplas cláusulas de um só contrato. Sem isso, não se poderão identificar os diversos negócios jurídicos presentes, estudar sua natureza jurídica e subsumir, corretamente, os fatos neles referidos, aos vários tributos previstos no nosso sistema. Exemplo se dá na eventual concomitância de uma prestação de serviços com uma operação de venda, com uma operação financeira ou um contrato de transporte interestadual, de montagem ou de instalação que não se agrega ao solo, ou de quaisquer outros tipos de negócio, de alguma forma relacionados ou envolvidos no mesmo quadro global de negócios adrede engendrados.

Nesses casos, é preciso ter cautela: nem todo o montante pago em virtude da celebração de um contrato integra, sempre e necessariamente, a base de cálculo do ISS. Obviamente, o Município só pode exigir ISS sobre a receita que provenha de serviços. É dever do administrador (e do aplicador da lei) discernir os vários negócios jurídicos avençados, afastando toda e qualquer possibilidade de confusão, que resultará em violação da Constituição (dado que esta reserva a tributação de negócios conexos ou concomitantes a pessoa política distinta do Município, como ensinavam Geraldo Ataliba e Cléber Giardino).

Nas hipóteses em que determinada vinculação jurídica complexa, engendrada pelas pessoas privadas, se desenvolva em um contexto multifacetário – em que a prestação de

117

serviço surja envolvida ou em paralelo com outras – esta circunstância não autoriza o legislador ordinário, nem muito menos a Administração, a ignorar a eventual autonomia recíproca de cada um desses negócios para ampliar a base de cálculo do ISS, nela incluindo valores provenientes de outros negócios distintos da prestação de serviços.

Daí ser imperioso discernir, distinguir, identificar e separar as receitas consoante suas respectivas procedências, para que se identifiquem as específicas bases de cálculo de cada um dos tributos, com vistas a evitar o extrapassamento dos limites constitucionalmente traçados às competências tributárias que, como sabido, são exclusivas e excludentes.

Não é lícito ao legislador e muito menos ao aplicador da lei reunir, num só, dois ou mais diferentes e distintos negócios, deturpando-lhes as específicas naturezas jurídicas, para o fim, espúrio, de submetê-los (contra a Constituição) a um mesmo tributo.

É despropositado, ilegal e inconstitucional pretender exigir ISS sobre valores que sejam provenientes de outros negócios jurídicos distintos da prestação de serviços. E a pretensão de incluir valores não decorrentes da prestação de serviços tributáveis pelo Município implica flagrante desvirtuamento da base de cálculo, por inclusão de parcelas que não provêm de fatos com tal consistência material.

Em decorrência, há evidente ilegalidade, quando se pretende o recebimento de ISS diante de "hipótese de incidência" que serviço não é, mas outro fato-tipo. Como é cediço, para que haja a incidência do tributo, faz-se necessária a realização de uma atividade que represente serviço tributável.

15.8.2 Só receitas de serviço podem compor a base de cálculo do ISS

A doutrina é uníssona em conceituar receita como a entrada que – sem quaisquer reservas, condições ou

ISS, IOF E INSTITUIÇÕES FINANCEIRAS

correspondência no passivo – se integra ao patrimônio da empresa, acrescendo-o, incrementando-o. A orientação da legislação, seja mercantil, seja tributária, é, precisamente, consagradora dessa sistemática. Efetivamente, as entradas que não correspondam a incrementos financeiros próprios são sempre escrituradas, contabilmente, de modo a salientar sua radical distinção, relativamente às demais. Os repasses, reembolsos e rateios são contabilizados de maneira a deixar patente sua natureza.

Para a incidência do ISS, é inafastável que a receita provenha da prestação de serviços. É que podem as empresas auferir receitas que não decorram da prestação de serviços. Esses incrementos do patrimônio não podem compor a base de cálculo do ISS. Só receitas que decorram da prestação de serviços é que podem compor a base de cálculo do ISS, por representativas de incremento patrimonial dela (prestação) decorrente. Só elas remuneram a prestação de serviços. Só elas representam o preço dos serviços. Só elas correspondem à prestação de serviços. Só elas representam o pagamento da prestação contratual consubstanciada no negócio jurídico, que tem o serviço por objeto.

A lei, ao referir "preço do serviço", não pode impor – se o fizer será inconstitucional – sejam alcançadas quaisquer receitas. Pelo contrário, o termo "preço" vincula-se, umbilicalmente, à prestação de serviço que lhe deu causa. É dela indissociável.

A lei pode dizer – e muitas o dizem – que, caracterizados quaisquer ingressos como receitas provenientes da prestação de serviços, sobre eles deverá ser calculado o ISS. Leis há que conceituam preço como a receita bruta a ele correspondente. Logo, por primeiro, é preciso haver receita (não mero ingresso); e, além disso, a receita deve provir da prestação do serviço.

Fixadas estas noções fundamentais que defluem das normas e princípios consagrados pela Constituição para disciplinar o exercício das competências tributárias por ela outorgadas às pessoas políticas, impõe-se examinar, agora, a questão ligada à situação fática em face da Constituição e das normas legais a ela pertinentes.

Como já salientamos, na espécie, as instituições financeiras têm por objetivo primordial a prestação de garantia aos titulares de estabelecimentos credenciados para aceitação de cartões e de outros meios de pagamento.

Mercê da compostura da sua atividade, já se vê que sobre essa particular atuação não cabe exigir ISS contemplando em sua base de cálculo quaisquer valores que remunerem a garantia, posto que não decorrem de qualquer prestação de serviços, deturpando, assim, sua materialidade e forcejando a integração na base de cálculo desse imposto municipal de parcelas a ela absolutamente estranhas.

Observe-se que a Lei municipal, qualquer que seja o seu teor, não pode considerar o conceito de base de cálculo nem o de preço do serviço de modo desigual para situações que se equivalham. O fato de a Lei referir-se a certas atividades não implica a negação dos mesmos efeitos a outras que estejam, claramente, em situação similar. Não se pode tomá-la como *numerus clausus*, só abrangente dos casos enumerados; sempre que o legislador o fizer perpetrará ofensa à igualdade.

Como vimos de ver, o direito à isonomia não pode ser compartimentado, devendo estender-se a todos os emitentes casos em que a situação seja equivalente, como é, nitidamente, o caso da do cartão, relativamente às receitas não decorrentes de nenhuma prestação de terceiros. Com efeito, o que se tem são incrementos de seu patrimônio, resultantes de obrigações que em nada atinam com a prestação de serviços, frutos que são da concessão de garantia.

Se, por hipótese, a despeito disso, qualquer Município incluir, na base de cálculo do ISS, as receitas advindas com essa prestação de garantia – em vez de ater-se ao montante das receitas obtidas com a prestação de serviços – terá

ISS, IOF E INSTITUIÇÕES FINANCEIRAS

majorado, sem lei, o tributo, por desnaturação da base de cálculo. Deveras, se é pela base de cálculo que se determina não só a natureza jurídica de um tributo, como o seu tipo, nesse caso, estar-se-á exigindo tributo outro que não o ISS, porque a base de cálculo deixará de ser o valor da prestação do serviço, para ser o montante das receitas, incluídas as resultantes de valores provenientes da prestação de garantia, o que implica visível deturpação da base de cálculo do ISS. Em outras palavras, a dimensão financeira do critério material da hipótese de incidência passará a ser o total das receitas auferidas pela Emitente do cartão, a despeito de parte delas ter sido recebida por atividade que não configura serviço. Estar-se-ia a pagar ISS pelo não serviço. Parece claro que considerar, na base calculada, valores que não correspondem à remuneração do serviço implica tributar não o serviço, mas outra coisa, maior, mais ampla e mais abrangente, sem consentimento constitucional (art. 156). Deveras, nesse caso, a base imponível deixaria de ser o preço do serviço para ser o volume das suas receitas, com a inclusão daquelas que dele não provêm. O imposto incidiria sobre (a) a receita da prestação de serviços e (b) sobre receitas outras não provindas dessa atividade. Mais não é preciso para evidenciar o despautério decorrente de pretensão da espécie.

O Poder Judiciário tem rechaçado, fortemente, a exigência de ISS sobre prestação de garantia, como se vê dos seguintes julgados, em que a tônica está nas espécies prestação de fiança ou concessão de aval:

> EMBARGOS DE DECLARAÇÃO – APELAÇÃO – MANDADO DE SEGURANÇA – Alegada omissão – Ocorrência – Consequência manifestação de mérito – ISS – Operação de fiança, aval e congêneres – Ausência de serviço apto a justificar a incidência de ISS – Precedente desta Corte e Doutrina – Embargos acolhidos para conceder a segurança. Em suma, pretende o embargante afastar futura incidência de ISS sobre a receita gerada pela prestação de fiança, aval e outras garantias congêneres. Entre outras, alega o embargante ilegalidade da Lei Municipal 13.701/2003 na parte que permite a incidência de ISS na operação de: "Emissão, reemissão, alteração, cessão, substituição,

AIRES F. BARRETO

cancelamento e registro de contrato de crédito; estudo, análise e avaliação de operações de crédito; emissão, concessão, alteração ou contratação de aval, fiança, anuência e congêneres; serviços relativos a abertura de crédito, para quaisquer fins". Esse texto é repetido no item 15.08 da LC 116/2003. *Ora, as atividades de fiança, aval e garantias congêneres podem ser caracterizadas como obrigação de dar, já que o devedor se compromete à entrega de algo pré-existente. Por outro lado, na obrigação de fazer, executa-se algo até então inexistente. Com efeito, depreende-se do art. 818 do CC/02 que uma pessoa garante satisfazer ao credor uma obrigação assumida pelo devedor, caso este não cumpra. No aval, o avalista assegura o pagamento de um título, em benefício do devedor principal, ou de um co-obrigado. Percebe-se, portanto, que em ambos os negócios jurídicos há a eventual transferência de recursos do garantidor (fiador ou avalista) para o garantido. Assim, a receita resultante de aval, fiança e congêneres não pode ser objeto de incidência de ISS, motivo pelo qual o item constante da lei municipal aludida e o item 15.08 do art. 1º da lista anexa à LC 116/2003 não podem ser, validamente, aplicados pela Municipalidade vistas à exigência de ISS do impetrante. Interpretação em sentido contrário violaria o art. 110 do CTN, pois descabe ao legislador infraconstitucional modificar o conceito, conteúdo e abrangência de institutos, definições e formas de direito privado (...).*[90]

Muito embora não tenha a agravada feito prova relativa aos serviços que estão sendo tributados pelo ISS, há a tese de que são os de emissão, concessão, alteração ou contratação de aval, fiança, anuência e congêneres.

A agravante presta serviços de administração de cartões de crédito e nesse mister o seu contrato padrão com os usuários prevê a obtenção de financiamento junto a instituições financeiras para o fim de resgatar as obrigações do usuário perante terceiros. Nesses financiamentos, ainda de acordo com o contrato padrão, a agravante intervém como fiadora, avalista e principal pagadora das obrigações do titular do cartão.

Assim, essas operações de fiança e aval é que estão, em tese, sujeitas ao ISS na nova sistemática, pois, na percepção da Municipalidade, a administradora de cartões cobra do usuário um preço pelo serviço auxiliar prestado.

---

90. Embargos de Declaração 994.05.027335-1/50001, Rel. Rodrigues de Aguiar, 15ª Câmara de Direito Público, *Dj* 13.05.2010, *DJU* 14.10.2010.

ISS, IOF E INSTITUIÇÕES FINANCEIRAS

A fiança é garantia pessoal e deriva de contrato pelo qual uma pessoa assume para com o credor a obrigação de pagar a dívida do devedor, se este não o fizer.

O aval também é garantia, mas é garantia tipicamente cambiária, para qual o avalista garante ao credor o pagamento do título de crédito.

De tal arte, é plausível a tese de que esses institutos não engendram prestação de serviços.

Se há a estipulação de vantagem pecuniária ao fiador ou avalista isso não significa preço pelo serviço, mas compensação pelo risco. Orlando Gomes, lecionando sobre o contrato de fiança, caracteriza-o como gratuito: o fiador assume a responsabilidade subsidiária ou solidária do pagamento, sem qualquer vantagem; e conclui: "Contudo, não é proibida a estipulação, em favor do fiador, de vantagens pecuniárias que compensem os riscos.", forte no escólio de Eduardo Espínola ("Contratos", Ed. Forense, 1984, 10ª ed., pág., 493). [91]

Mandado de Segurança. Impetração preventiva contra a cobrança de Imposto sobre serviços. Imposto a ser exigido em operações de fiança e aval dados em contratos de financiamento celebrados por administradora de cartões de crédito junto a entidades financeiras, a fim de resgatar obrigações dos titulares. Vantagem pecuniária cobrada para compensar os riscos. Plausibilidade da tese de que não há prestação de serviços. Pressupostos da liminar presentes. Agravo provido e exigibilidade suspensa.[92]

ISS. Contrato de fiança. Atividade bancária fora da incidência do imposto sobre serviço. Lançamento tributário inexigível Segurança concedida para esse fim Sentença mantida.

(...) a celebração de contrato de garantia, entre instituição de crédito e terceiro, a quem se presta a garantia, não caracteriza prestação de serviço, mas realmente operação financeira. Adota-se a lição colacionada pela recorrida, a fl. 184/187, segundo a qual,

---

91. Acórdão unânime da 2ª Câmara do 1º TAC [extinto] no Agravo de Instrumento 1.292.425-7, da Comarca de São Paulo, sendo agravante Credicard S/A. – Administradora de Cartões de Crédito e agravada Municipalidade de São Paulo.

92. Acórdão da 15ª Câmara de Direito Público do Tribunal de Justiça do Estado de São Paulo na Apelação Cível com Revisão n. 438.651-5/8-00, da Comarca de São Paulo – Fazenda Pública, em que é recorrente o Juízo *ex officio*, sendo apelante Prefeitura Municipal de São Paulo e Banco de Tokyo Mitsubishi do Brasil S. A. sendo apelado Banco de Tokyo Mitsubishi do Brasil S. A. e Prefeitura Municipal de São Paulo.

AIRES F. BARRETO

em resumo, a fiança nada mais é que "uma obrigação acessória, nada tendo a ver com obrigação de fazer ou não fazer (...)", mas de pagar no lugar da pessoa garantida, se esta não o fizer."[93]

"Administradora de cartões de credito. Não incidência do tributo sobre o valor avaliado. Sentença que assim não se orienta, incorreta. Segurança concedida. Apelação provida". [94]

"Com efeito, se o serviço é caracterizado pelo direito civil como sendo uma obrigação de fazer, um esforço humano, entre outros, o aval e a fiança não são serviços e, portanto, estão fora do campo de incidência do Imposto sobre Serviços de Qualquer Natureza.

Ora, essa 15ª Câmara já teve a oportunidade de se manifestar sobre a questão, julgando pela improcedência da incidência de ISS sobre receita gerada por aval e/ou *fiança.*" (*cf. Apelação 470.583.5/1, Rel. Rodrigo Enout, j. 19/01/2006.*).

Em tal julgado foi estabelecido que "a celebração de contrato de garantia, entre instituição de crédito e terceiro, a quem se presta a garantia, não caracteriza prestação de serviço, mas realmente operação financeira, já que... a fiança nada mais é que uma obrigação acessória, nada tendo a ver com obrigação de fazer ou não fazer, mas de pagar no lugar da pessoa garantida se esta não o fizer".

E não poderia ser de outra forma.

O objeto do contrato de fiança é o pagamento da dívida pelo fiador, de modo que há transferência de recursos do fiador para o credor, motivo pelo qual inexiste relação jurídica que possa ser caracterizada como serviço, na medida em que do contrato de fiança, irradia-se uma obrigação de dar e não de fazer, o que afasta a incidência de ISS.[95]

---

93. Acórdão da 15ª Câmara de Direito Público do Tribunal de Justiça do Estado de São Paulo na Apelação Civil com Revisão n. 470.583-5/1-00, da Comarca de Ribeirão Preto, em que é recorrente o Juízo *ex officio*, sendo apelante Prefeitura Municipal de Ribeirão Preto sendo apelado Banco Bilbao Vizcaya Brasil.

94. Acórdão em Mandado de Segurança da 14ª Câmara de Direito Público do Tribunal de Justiça na Apelação Civil 920920/1-00, da Comarca de São Paulo – 8. V. Faz. Pública (Proc. 000782/99), em que é Apelante American Express do Brasil Tempo e Cia e American Express do Brasil S/A Turismo e Contagem de Seguros e Apelado Municipalidade de São Paulo – Diretor do Dep. de Rend. Imob. da Séc. das Fin. Mun. S Paulo.

95. Acórdão da 15ª Câmara de Direito Público do Tribunal de Justiça de São Paulo na Apelação Cível com Revisão n. 444.713-5/0-00, da Comarca de São Paulo-Faz Publica, em que é recorrente o Juízo *ex officio*, sendo apelante Prefeitura Municipal

ISS, IOF E INSTITUIÇÕES FINANCEIRAS

Vê-se, pois, que, de acordo com o entendimento jurisprudencial, nas prestações de garantia, não há obrigação de fazer, mas obrigação de dar, incompatível com o ISS. Ora, em assim sendo, como efetivamente o é, não se terá fato subsumível à hipótese de incidência, à regra-matriz, por que o fato considerado não é o espelho da descrição legal (prestação de serviço). É dizer, se a Emitente do cartão não obtém receita de serviços, não aufere preço dessa natureza, como exigir ISS sem que se tenha fato que se quadre, por inteiro, à descrição legal?

De outra parte, para confirmar que valores não constitutivos de receita proveniente da prestação de serviço de competência dos Municípios não podem compor a base de cálculo, não há necessidade de lei nem de qualquer ato administrativo formal. De fato, assim como não é necessário que a lei municipal diga que receitas de operações financeiras ou creditícias não integram a base de cálculo do ISS, também não o é que a lei do Município consigne que receitas de cunho financeiro, provenientes de concessão de garantia, não podem compor a base de cálculo desse imposto (nem obviamente a calculada). Se não há receita a ele correspondente (preço do serviço), não há como mensurá-la.

A não inclusão é, pois, imperativo do sistema; é decorrência insuperável da regra-matriz do ISS; e, sobretudo, é exigência do princípio da isonomia. Negar a não inclusão é afrontar o princípio da igualdade. De fato, se a impossibilidade de inclusão fosse decorrência de omissão de registro na lei, bastaria a não referência de inúmeros casos iguais, para fraudar um dos mais relevantes e conspícuos princípios que norteiam o nosso sistema. Como já vimos de ver, a isonomia, como asseverou Souto Maior Borges, não está na Constituição. A isonomia é a Constituição. É dizer, tudo que se encontra da CF tem sempre o objetivo de fazer prevalecer, em sua plenitude, o princípio da igualdade.

---

de São Paulo sendo apelado Klabin Irmãos e Cia.

AIRES F. BARRETO

Para cumpri-la, para respeitá-la, em sua inteireza, não há necessidade de lei expressa ou de menção específica em nenhum ato normativo. Se a receita não é proveniente de prestação de serviços não há como, sobre ela, exigir ISS.

Impõe-se, pois, que não proceda a nenhuma inclusão de valor que, como no caso, não configura receita de prestação de serviços. Agir nessa conformidade é prestigiar o magno princípio da isonomia; é observar a regra-matriz do ISS, especialmente quanto à base de cálculo abstrata e à base de cálculo concreta (base calculada). A inclusão dos valores decorrentes de garantia na base calculada da emitente do cartão implica a absurda admissão de que o ISS possa incidir sobre operações de crédito, invadindo a área de competência da União, para tributar tais fatos. Ter-se-ia, na hipótese, inconstitucionalidade, por invasão de competência alheia, na lição do insuperável Amilcar de Araújo Falcão.

Ao fim e ao cabo, pode-se afirmar, com segurança, que os valores auferidos pela emitente do cartão, tendo por fundamento a remuneração pela garantia, não podem acarretar, nunca, sua inclusão na base calculada do ISS, por configurarem receita que não decorre de nenhuma prestação de serviços.

Como tantas vezes denunciaram Ataliba e Cléber, só mesmo propósitos fiscalistas poderiam justificar o tipo de interpretação que os fatos têm merecido, como dá conta a Emitente do cartão. E acrescentavam esses juristas:

> (...) o fiscalismo – assim batizado o preconceito de interpretação que parte do apriorismo "tudo para o fisco" – é repugnante ao sistema jurídico brasileiro, que fixa os princípios da legalidade e da universalidade da jurisdição. (...) ("ICM – Base de Cálculo, *cit.*, p. 110/111).

É ilegal, assim, a inclusão de valores correspondentes a negócios paralelos, distintos da prestação de serviços (ou mesmo de operações mercantis) na base de cálculo do ISS. Mais flagrante fica essa ilegalidade quando esses valores compõem a base de cálculo de tributos que se inserem em competência alheia ao Município.

A circunstância de determinados negócios jurídicos serem contratados ao mesmo tempo, pelas mesmas partes, não autoriza o absurdo entendimento de que se integrem a prestação de serviços (ou a operação de compra e venda). Se nem mesmo o legislador pode arbitrariamente exceder as pautas constitucionais, com maior razão não pode fazê-lo nem o intérprete nem a administração.

A presença eventual, em ambos os negócios, dos mesmos sujeitos, na medida em que se esteja diante de tributos eminentemente objetivos (reais), como o ISS, não pode acarretar nenhuma consequência no dimensionamento da prestação tributária.

15.8.3 Adiantamento a depositantes

O que se tem inferido do comportamento dos fiscos municipais é o tamanho da sofreguidão fiscal. Alguns, nas suas autuações, têm considerado como base de cálculo tributável tão somente a "tarifa" ou "taxa" (valor fixo) cobrada pela instituição financeira sobre "excesso de limite" (ausência de saldo suficiente ou limite de crédito ultrapassado); outros, mais ávidos, pretendem até exigir ISS sobre os valores cobrados a título de juros, também contabilizados na conta "Cosif"[96] "adiantamento a depositantes". Em outras palavras, a conta "adiantamento a depositantes" tem sido considerada como tributável pelas municipalidades levando em consideração duas subcontas distintas, a saber: (a) a subconta que recebe a remuneração sobre os juros referentes à entrega do dinheiro para o cliente que se encontra desprovido de fundos; e (b) a subconta que contabiliza a "tarifa fixa" pela extrapolação do limite de crédito.

---

96. Detalhamento acerca do Sistema Cosif – Disponível em: <http://goo.gl/sEus9y>. Acesso em: 19 maio 2016.

Na primeira, os fiscos lavram auto de infração por considerar que existe "serviço de crédito e garantia". Na segunda, as autuações têm considerado incidente o ISS em razão dos valores lá depositados serem advindos de suposta contraprestação de "serviço" de análise quando da autorização de saques ou pagamentos de cheques descobertos. Em ambos os casos, essas atividades estão previstas no subi 15.08 da lista de serviços que acompanha a Lei Complementar 116/2003.

Ressalte-se que sobre a primeira, em muitos casos, a própria Municipalidade tem admitido, nos dias de hoje, a não incidência do ISS, reconhecendo se tratar de operação de crédito e, portanto, sujeita à incidência do IOF. Porém, quanto à chamada "tarifa fixa", insistem, alguns Municípios, em exigir ISS. A jurisprudência vem caminhando no sentido da não incidência do ISS sobre a conta "adiantamento a depositantes", em qualquer caso. Nem todos, porém, examinaram os tipos distintos de rendas relacionadas à atividade "adiantamento a depositantes".

Adiantamento a depositantes ocorre quando os clientes emitem cheques ou efetivam saques sem o devido provisionamento de fundos em suas contas bancárias, caracterizando operação de crédito. Tal atividade é passível de incidência do IOF, não havendo se falar em fato gerador do ISS. Adiantamento a depositantes são empréstimos urgentes e excepcionais feitos a clientes com contas a descoberto, constituindo rendas decorrentes de operações de crédito. Consequentemente, não são passíveis de tributação pelo ISS. É evidente a natureza creditícia de tal operação. A atividade designada de adiantamento a depositantes não se equipara a nenhum dos serviços da lista ou mesmo congêneres, pois corresponde à receita proveniente de típica operação financeira, por envolver fornecimento de recursos a clientes.

Em resumo, sobre a atividade "adiantamento a depositantes", não cabe nenhum ISS.

ISS, IOF E INSTITUIÇÕES FINANCEIRAS

Merecem atenção, ainda, os limites da discussão sobre o pagamento da exação municipal sobre as primeiras – constitucional e/ou infraconstitucional –, considerando a redação do subitem 15.08 da Lei Complementar 116/2003 e as regras definidas na Resolução Bacen 3.919/2010.[97]

Para nós, o conceito de serviço tributável deve ser extraído a partir do texto constitucional. Isto porque a construção do conceito de serviço tributável pelo ISS exige, preliminarmente, meditação centrada sobre os termos prestação e serviço, tal como prescritos na Carta Magna. O contexto sistemático da Constituição leva à conclusão de que o conceito constitucional de serviço não coincide com o emergente da acepção comum, ordinária, desses vocábulos. A Constituição refere-se, expressamente, a serviços. Pressupõe, portanto, um conceito de certos fatos que poderão ser adotados como hipótese de incidência pelo legislador ordinário municipal. Este poderá usar total ou parcialmente a competência recebida. Não poderá, porém, extravasá-la. Quer dizer: o legislar não pode ir além dos lindes do conceito constitucional de serviço. Daí a importância do esforço exegético, no sentido de desvendar o conteúdo, sentido e alcance do conceito de serviço tributável a que se refere o texto constitucional.

É serviço a «prestação de esforço humano a terceiros, com conteúdo econômico, em caráter negocial, sob regime de direito privado, tendente à obtenção de um bem material ou imaterial”.

Se o esforço humano não é desenvolvido para terceiros, não há serviço, porquanto é incontornável que a prestação se dê em favor de outrem. Pontes de Miranda enfatiza o voltar-se para terceiros como conteúdo insuperável do conceito de serviço.

---

97. Circular 3.919 do Bacen – Disponível em: <http://goo.gl/VZD2r2>. Acesso em: 20 maio 2016.

AIRES F. BARRETO

É precisamente no interior desta temática que se situa a questão da atividade meio, eis que se trata de atuação que não se desenvolve para terceiros (nada obstante possam vir a aproveitá-la).

De fato, de nada vale, pois, juridicamente, definir serviço no contexto de sua acepção vulgar, no plano econômico ou em veículos normativos emitidos por órgãos incompetentes, para delimitar a hipótese de incidência tributária, como é o caso das normas enunciadas pelo Bacen. Isto porque, examinando sistematicamente o texto constitucional, percebe-se que o conceito de serviço tributável difere da definição corriqueira.

Certamente, valores que ingressam na contabilidade do contribuinte que não configuram receita advinda do desempenho de atividade produtiva de utilidade para outrem, como é o caso das "tarifas" cobradas a título de adiantamento a depositantes definidas na Resolução Bacen 3.919/2010, jamais poderão servir de base de cálculo para sujeição ao ISS.

Se o ISS é imposto cuja síntese do seu arquétipo de incidência é prestar (verbo) serviços (complemento) de qualquer natureza (adjunto adnominal), esse tripé tem que estar presente, sempre.

Há quem pense, equivocadamente, que o adjunto adnominal autorizaria a inclusão de qualquer atividade. Ledo engano. Há aí erro palmar. Não se põe dúvida na afirmação de que o ISS pode incidir sobre serviços de qualquer natureza (desde que descritos pela lei municipal como passíveis de tributação). Mas, é preciso, sempre, que se trate de serviços. E sob o vocábulo serviços não se pode abarcar tudo, a pretexto de que são "de qualquer natureza". Para abarcá-los, é preciso que sejam do gênero serviços. Não são as coisas de qualquer natureza. Não são as industrializações de qualquer natureza; não são as operações mercantis de qualquer natureza; não são as operações creditícias de qualquer natureza; mas, apenas e tão só as prestações de serviço de qualquer natureza. O que é

ISS, IOF E INSTITUIÇÕES FINANCEIRAS

de qualquer natureza é o serviço. Não sendo serviço, não pode ser tributável pelo ISS.

Em suma, a construção do conceito de serviço tributável pelo ISS encontra-se circunscrita ao âmbito constitucional. A lei e as normas a ela inferiores, como são as emitidas pelo Bacen, não têm competência para alterar, ultrapassar ou delimitar o conteúdo, sentido e alcance do conceito de serviço tributável, como será visto a seguir.

15.8.4 Da irrelevância das normas do Bacen para aferir a incidência do ISS – Resolução Bacen 3.919/2010

A Resolução 3.919/2010 do Bacen foi emitida com o objetivo de alterar e consolidar "as normas sobre a cobrança de tarifas pela prestação de serviços por parte das instituições financeiras e demais instituições autorizadas a funcionar pelo Banco Central do Brasil" e dar outras providências. Nessa disposição, em sua Tabela I, que cuida da Padronização dos Serviços Prioritários – Pessoa Natural", há a veiculação de códigos, siglas e definições para a cobrança de tarifas sobre determinadas atividades bancárias.

Embora a medida seja salutar, a Resolução acaba por extrapolar seu campo de atuação, incursionando em campo estranho à sua competência. Tome-se como exemplo o que dispõe, em seu código 4.1., relativamente ao estabelecimento de "tarifas" cobráveis no caso de "adiantamento a depositantes". Para essas tarifas, define que o fato tributário (fato gerador) da cobrança seria o "levantamento de informações e avaliação de viabilidade e de riscos para concessão de crédito em caráter emergencial para cobertura de saldo devedor em conta de depósitos à vista e de excesso sobre o limite previamente pactuado de cheque especial, cobrada no máximo uma vez nos últimos trinta dias."

131

Essa redação é bastante similar à descrição veiculada no subitem 15.08 da Lei Complementar 116/2003, como sendo a *in verbis*:

> 15.08 – Emissão, remissão, alteração, cessão, substituição, cancelamento e registro de contrato de crédito; estudo, análise e avaliação de operações de crédito; emissão, concessão, alteração ou contratação de aval, fiança, anuência e congêneres; serviços relativos à abertura de crédito, para quaisquer fins.

Consequentemente, considerando a similitude das descrições, bem assim o entendimento majoritário de nossos tribunais sobre a taxatividade da lista, cabe ver se a discussão para afastar a cobrança do ISS sobre tais rendas se esgotaria na busca do reconhecimento: (i) da inconstitucionalidade parcial do subitem 15.08; ou (ii) da sua interpretação conforme a Constituição, o que ocasionaria, por consequência, a não incidência sobre as rubricas "adiantamento a depositantes".

Como vimos, a segunda alternativa tem como tese central a ausência de subsunção da atividade "adiantamento a depositantes" ao conceito constitucional de serviço tributável (atividade-fim prestada para terceiros), a despeito da similitude das suas características à descrição veiculada no subitem 15.08.

Isto porque, embora não se negue que a tarifa fixa cobrada a título de adiantamento a depositantes seja advinda de análise de crédito, quando o banco a realiza o faz em beneficio próprio: atividade meio imprescindível à sua atividade-fim de conceder crédito aos seus clientes. Tal atividade só poderia ser tributável pela exação municipal quando prestada como atividade-fim, ou seja, a ação de "estudo, análise e avaliação de operações", tal como descrito no subitem 15.08, somente pode ser fato gerador do ISS, subsumindo-se à sua hipótese de incidência, quando realizada como atividade-fim de uma instituição financeira, isto é, praticada em favor de terceiro.

Nesse sentido é o nosso entendimento, esposado em artigo intitulado "ISS – Atividade-Meio e Serviço-Fim", *verbis:*

ISS, IOF E INSTITUIÇÕES FINANCEIRAS

> Para essas atividades-meio, não há cobrança de preço; mas, nem mesmo quando, em certos casos, para elas é destacado preço, essas "ações-meio" se transforam em "ações-fim". O serviço médico não assume outra natureza pelo simples fato de os resultados de diagnósticos serem fornecidos verbalmente, datilografados ou por listagem de computador, mesmo que para os últimos houvesse uma cobrança adicional e específica de tantos reais. O parecer jurídico não se transmudará em serviço de diversa natureza – mesmo que haja cláusula fixando a cobrança adicional de certa quantia – na hipótese de vir a ser entregue impresso ou encadernado. Não cabe cogitar aí, de prestação de serviço de "impressão" ou de "encadernação", pelo jurisconsulto.
>
> Despropósitos desse jaez emergem, cristalinos, quando a hipótese tomada diz respeito a mero requinte ou sofisticação dispensável. E mais evidentes ficam, quando as ações representam requisitos inafastáveis da prestação dos serviços."[98]

Em primeiro lugar, admitindo-se, apenas por amor à argumentação, que a linguagem normativa do Bacen pudesse interferir ou inspirar a construção do conceito de serviço tributável, o preâmbulo da Resolução[99] não deixa dúvidas não ser essa a finalidade de suas normas. O objetivo da Resolução longe está de definir as atividades que configuram ou não serviço, mas apenas de editar normas e limites sobre a cobrança de tarifas, por parte das instituições financeiras, relativamente às suas atividades.

Em segundo lugar, o fato de a Resolução denominar uma ou outra atividade de "serviço" em nada intervém na construção do conceito de serviço tributável. Isto porque, conforme acima destacado, interpretação sistemática do texto constitucional demonstra que esse conceito difere da definição corriqueira e por ela não será delimitado. A linguagem normativa do Bacen é irrelevante para determinar se certa atividade é

---

98. ISS – Atividade-Meio e Serviço-Fim. *Revista Dialética de Direito Tributário* n. 5, São Paulo: Oliveira Rocha, fevereiro/ 1996, pp. 72 a 97.

99. Texto do preâmbulo: "Altera e consolida as normas sobre cobrança de tarifas pela prestação de serviços por parte das instituições financeiras e demais instituições autorizadas a funcionar pelo Banco Central do Brasil e dá outras providências".

serviço tributável pela exação municipal. Portanto, de nada vale a linguagem dessa instituição para a definição da incidência do ISS. As normas do Bacen não têm competência para interferir ou para inspirar a definição do conceito de serviço tributável.

15.8.5 *Inconstitucionalidade da lei complementar quando excede o conceito de serviço*

Nem sempre a discussão sobre a incidência do ISS, a partir da descrição dos subitens da lista de serviços que acompanha a lei complementar, é circunscrita à matéria constitucional. Algumas vezes, a lei complementar infringe diretamente a lei e obliquamente a Constituição. Exemplo disso é o caso do transporte de valores dentro de um Município, atividade tipificada no subitem 16.01 da lista que acompanha a Lei Complementar 116/2003.

Com relação às rendas advindas da atividade "adiantamento a depositantes", na hipótese de o aplicador da lei determinar a incidência tributária da exação municipal com fundamento no subitem 15.08, haverá aplicação do direito em total desconformidade ao prescrito por nossa Constituição, devendo a discussão ser lá centrada.

Trata-se de manifesto equívoco pressupor que, estando a atividade descrita na lista, passa a ser serviço. Se assim fosse, o Supremo Tribunal Federal não teria declarado inconstitucional a exigência do ISS sobre locação de bens móveis, a qual, como se sabe, encontra previsão na lista anexa à Lei Complementar 116/2003.

Sendo incontrastável que o conceito de serviço no Direito Privado envolve, obrigatoriamente, a prestação de obrigação de fazer anteriormente versada e, mais especificamente, aquela que corresponde ao negócio jurídico, a lei tributária infraconstitucional não pode abranger o que a Constituição excluiu; não pode ampliar o conceito constitucional para incluir o que nele (conceito) não se contém. A competência dos Municípios é para instituir imposto sobre serviços; sobre quaisquer serviços; mas, ao mesmo tempo, só e exclusivamente sobre serviços; sobre nenhum outro fato. A Constituição foi clara, categórica, incisiva e explícita.

Como vimos precedentemente, o conceito de serviço emerge do próprio Texto Constitucional; nele e só nele estão os traços balizadores do que seja serviço. Via de consequência, não pode a lei complementar, sob pena de inconstitucionalidade, desrespeitar esses limites. Ela só pode definir como serviço aquilo que o for, nos termos constitucionais. Não pode, ela mesma, considerar serviço fato não contido em conceito extraído diretamente da Constituição (e, assim mesmo, desde que não invada a área intocável das cláusulas pétreas).

Se a lei pudesse chamar de serviço de qualquer natureza o que serviço não é, para incluir nesse conceito típicas cessões de direito, operações de crédito, câmbio e seguro, ou relativas a títulos e valores mobiliários, cairia por terra todo o sistema tributário constitucionalmente plasmado. Não foi por outra razão que, *mutatis mutandis*, o Supremo Tribunal Federal, nos autos do Recurso Extraordinário 71.758, relator o Ministro Luiz Gallotti, afirmou: "Se a lei pudesse chamar de compra o que não é compra, de importação o que não é importação, de exportação o que não é exportação, de renda o que não é renda, ruiria todo o sistema tributário inscrito na Constituição".

Em suma, não é dado à lei complementar arrolar como serviço atividade com ele incompatível. O fato de estarem listadas não lhes confere validade, quando descompassadas com a Constituição. A lei complementar não é uma lei fundante – na classificação de José Afonso da Silva – mas, uma lei fundada. É inválida se não consoar com a norma que lhe dá suporte: a Constituição.

Muitos são os casos em que se pretende exigir ISS sobre atividades que não são serviços, a pretexto de que (tais atividades) foram "listadas" por lei complementar. Os que assim pensam cometem o equívoco de admitir que a competência outorgada pela Constituição pode ser modificada (ampliada ou reduzida) por lei complementar. Esquecem-se de que a Constituição é rígida, somente modificável por via de emenda e, ainda assim, respeitadas as cláusulas pétreas.

Portanto, a expressão "definidos em lei complementar" não autoriza conceituar como serviço o que serviço não é. Não pode tal espécie normativa, a qualquer momento, dizer que é serviço a industrialização, a operação financeira, a venda civil, a cessão de direitos. Em outras palavras, não pode, a seu talante, modificar a Constituição; que a limitação posta pela Constituição.

Ao Legislativo não é dado poder para alterar a Constituição por lei complementar ou ordinária. E a nossa Suprema Corte, desde o início da República, tem consagrado essa firme postura de prevalência da Constituição sobre toda e qualquer norma infraconstitucional, que nela deve encontrar – sob pena de expulsão do sistema normativo – seu fundamento de validade.

Daí ser noção elementar a de que também as leis complementares – normas da ordenação inaugurada pela Constituição – estão sujeitas a contraste de constitucionalidade; são elas suscetíveis de "controle de constitucionalidade" pelos mesmos métodos e critérios aplicáveis a toda e qualquer lei.

Na verdade, a lei complementar não pode contradizer a Constituição. Não é outra forma de emenda constitucional. Daí decorre que pode incidir em inconstitucionalidade e ser, por isso, inválida. Não se registra nenhuma dissensão doutrinária ou jurisprudencial a esse respeito. Não há nenhuma opinião divergente; pelo contrário, é unânime o entendimento no sentido de que a Constituição é rígida e a previsão, no seu corpo, de leis complementares não implica a admissão da possibilidade de alteração constitucional por norma de lei complementar.

ISS, IOF E INSTITUIÇÕES FINANCEIRAS

Mais evidente é a inconstitucionalidade se o que se "define" não é serviço, mas outro fato-tipo. Todo e qualquer trabalho exegético tem que contrastar as disposições da lei complementar com os parâmetros estabelecidos pela Constituição para dar guarida apenas aos preceitos que com esta guardem conformidade.

Aplicando as considerações acima à hipótese em análise, dúvidas não restam quanto à vedação de cobrar ISS sobre as rubricas "adiantamento a depositantes" com fundamento no subitem 15.08 da lista anexa à Lei Complementar 116/2003.

A despeito de em algumas situações, as instituições financeiras e entidades afins prestarem serviços de análise de crédito para terceiros como atividade-fim – "levantamento de informações e avaliação de viabilidade e de riscos para concessão de crédito" – não é o que se dá com a tarifa fixa cobrada pelo banco para a análise de crédito, atividade-meio para viabilizar a operação de crédito (atividade-fim), contabilizada na conta Cosif "adiantamento a depositantes".

Nessa hipótese, ainda que possa existir uma atividade (avaliação de crédito), trata-se de atividade meio pressuposta, implicada e necessária para conceder o crédito, atividade-fim cogente das instituições financeiras. Trata-se de ação realizada pelo banco em benefício próprio e não para terceiros, não sendo possível subsumi-la no subitem 15.08, sob pena de interpretação contrária ao que prescreve nossa Constituição.

Se, de um lado, é certo que a discussão em tela encontra-se circunscrita à matéria constitucional, na medida em que a lei complementar não pode ultrapassar os limites prescritos pela Constituição Federal para a definição de serviço tributável pelo ISS, de outro lado, o caminho processual será o de interpretar a Lei Complementar 116/2003 conforme os limites constitucionais (e não de obter a declaração parcial de inconstitucionalidade do subitem 15.08) de forma a afastar a incidência do ISS sobre as rubricas "adiantamento a depositantes".

137

AIRES F. BARRETO

Ao que nos parece, a discussão para afastar a incidência do ISS sobre as rendas advindas da atividade "adiantamento a depositantes" deve ter como tese principal a ausência de subsunção da atividade "adiantamento a depositantes" ao conceito constitucional de serviço tributável (atividade-fim prestada para terceiros), a despeito da similitude das características da atividade à descrição veiculada no subitem 15.08. Embora não se negue que a tarifa fixa cobrada a título de adiantamento a depositantes seja advinda de análise de crédito, a mesma é realizada em beneficio do próprio banco e não para terceiros: atividade meio pressuposta e indispensável à sua atividade-fim de conceder crédito aos seus clientes. Tal atividade só poderia ser tributada pela exação municipal se prestada como atividade-fim. A ação de "estudo, análise e avaliação de operações", tal como descrita no subitem 15.08, somente poderia ser fato gerador do ISS, subsumindo-se à sua hipótese de incidência, caso realizada como atividade-fim de uma instituição financeira, o que não ocorre no caso das rendas advindas do chamado "adiantamento a depositantes".

15.8.6 O adiantamento a depositantes e a jurisprudência

Vários julgados têm sustentado o entendimento de que não incide ISS sobre a atividade adiantamento a depositantes, também denominado "AD". À guisa de exemplo:

> Apelação Civil 0002436-72.2003.8.26.0568. Relator Desembargador Roberto Martins de Souza. Embargos à execução ajuizados pelo Banco Itaú S/A: mesmo diante da possibilidade de interpretação extensiva, AD e TI não correspondem a serviços correspondentes aos prescritos nas listas, inclusive na Lei Complementar 116/2003. Pretende a Municipalidade tributar atividades de caráter acessório que se inserem no procedimento ordinário das operações bancárias, sem autonomia necessária para configurar serviço individualizável e gerador de obrigação de recolher ISS.

> Apelação Civil 9089565-80.2004.8.26.0000. Relator Desembargador Erbetta Filho: AD e TI destinam-se ao depósito de receitas em relação às quais não pode subsistir a imposição, porquanto não

ISS, IOF E INSTITUIÇÕES FINANCEIRAS

são provenientes de serviços que possam ser enquadrados dentre os sujeitos ao ISS, tampouco podendo ser qualificados como sendo do mesmo tipo dos que figuram na lista da Lei Complementar 56/87. Pela própria denominação, indicativa das respectivas funções, é possível de pronto verificar a não inclusão nos itens 95 e 96 da lista.

Apelação Cível 9066436-75.2006.8.26.0000. Relator Desembargador Erbetta Filho: AD e TI não se inserem nos itens da lista, ainda que interpretados sob a ótica da Súmula 424 do STJ ("É legítima a incidência de ISS sobre serviços bancários congêneres da lista anexa ao DL. N. 406/1968 e à LC n. 56/1987"), porquanto não são provenientes de serviços que possam ser enquadrados dentre os sujeitos ao ISS, tampouco podendo ser qualificados como sendo do mesmo tipo dos que figuram na lista da Lei Complementar 56/87.[100] Pela própria denominação, indicativa das respectivas funções, é possível de pronto verificar a não inclusão nos itens 95 e 96 da lista.

Apelação/Reexame Necessário[101] 9211151-50.2005.8.26.0000. Relator Desembargador Rezende Silveira: não é a pretexto de se adotar uma interpretação extensiva, que se possa considerar meras atividades-meio como serviços bancários congêneres àqueles descritos nos itens 95 e 96 da lista.

Apelação Cível sem revisão 703.845-5/4-00. Relator Desembargador Cândido Perez – Embargos à execução ajuizados pelo Banco Itaú S/A: AD e TI são serviços que não se subsumem a qualquer das hipóteses previstas nos itens 95 e 96. O serviço de compensação bancária é atividade meio das instituições. O adiantamento a depositantes consubstancia verdadeira operação de crédito.

É importante, ainda, destacar três acórdãos proferidos pelo Tribunal de Justiça de São Paulo que levam em consideração os dois tipos de receitas decorrentes da atividade de adiantamento a depositantes.

Dois acórdãos decidiram pela não incidência sobre ambas as receitas.[102] Tais acórdãos foram proferidos pelo mesmo

---

100. Nota do editorial: LC 56/87 foi revogada pela LC 116/2003.

101. Nota do editorial: o Reexame Necessário deu lugar à Remessa Necessária do Novo CPC.

102. TJ/SP: Apelação nº 9110162-02.2006.8.26.0000, 14ª Câmara, j. 14.04.2011 e Apelação nº 9184304-74.2006.8.26.0000, 14ª Câmara, j. 14.04.2011.

AIRES F. BARRETO

Relator, o eminente Desembargador Roberto Martins de Souza, ao julgar embargos à execução. Do voto do Relator cumpre destacar os seguintes trechos:

> "No caso dos autos, não vislumbro a incidência do tributo sobre as atividades de adiantamento aos depositantes e excesso de limite, mesmo diante da possibilidade de interpretação extensiva, uma vez que inexistem serviços correspondentes descritos na referida lista.
>
> Por adiantamento a depositantes deve-se entender a atividade por meio da qual a instituição financeira adianta valores na conta bancária do cliente, com seus próprios recursos, o que, na prática, caracteriza verdadeiro empréstimo bancário e, portanto, uma operação de crédito, sobre a qual deve incidir o IOF, de competência federal. Nesses termos, entendo incabível a tributação por ISS.
>
> (...)
>
> "A taxa de excesso de limite é cobrada do cliente quando excede o limite do seu contrato de abertura de crédito, obrigando-se o Banco a colocar à disposição do correntista uma determinada quantia em dinheiro, que pode ser utilizada independentemente de se realizar qualquer entrada na conta bancária. Nesses termos, entendo se tratar de atividade acessória às operações bancárias, o que afasta a incidência do ISS, uma vez que serviços de expediente inserem-se no procedimento ordinário das operações bancárias, sem autonomia necessárias para configurar serviço individualizável e gerador da obrigação de recolher o ISS. Ademais, não vislumbro a caracterização de qualquer prestação de serviço".

Como se pode verificar, seguindo a esteira que esposamos, o voto do digno Relator evidencia que as "taxas de excesso de limites" são cobranças acessórias a atividades bancárias que, na espécie, não se caracterizam como serviço tributável, não se enquadrando como prestação de serviço. Vale dizer, considerando que a natureza jurídica da atividade "adiantamento a depositantes" não configura serviço, o seu acessório não tem autonomia necessária para configurar serviço tributável, não configurando, pois, hipótese de incidência do ISS.

ISS, IOF E INSTITUIÇÕES FINANCEIRAS

Por sua vez, o acórdão proferido nos autos da Apelação Cível com Revisão nº 809.277-5/0-00, prolatado pela 18ª Câmara (data de julgamento 25.06.2009), decidiu pela não incidência do ISS sobre valores contabilizados na conta 7.1.1.03.00.860.01 – "Rendas de adiantamento a depositantes – Tarifas", por considerar, com base na perícia realizada, que tais valores não têm origem em prestação de serviço. Porém, quanto aos valores contabilizados na conta 7.1.7.99.00.00.065 – "Rendas sobre tarifas de Adiantamento a Depositantes", entendeu que na espécie deveria haver a incidência do ISS. Ora bem, se, como se viu, adiantamento a depositantes é nítida operação creditícia, de forma que toda e qualquer atividade prévia é parte dessa operação, dada sua natureza acessória, quaisquer cobranças de ISS com base nessa atividade não procedem.

Embora se trate de decisão proferida sob a vigência da Lei Complementar 56/87, o mesmo entendimento deve prevalecer diante da Lei Complementar 116/2003. A Segunda Turma do Superior Tribunal de Justiça, nos autos do Recurso Especial 325.344 – cujo voto vencedor foi proferido pelo Ministro Franciulli Netto, vencida a Ministra Eliana Calmon – proferiu acórdão de extrema relevância para o tema do qual aqui se cuida, ao julgar Recurso Especial apresentado por instituição financeira. Veja-se a ementa:[103]

> TRIBUTÁRIO. RECURSO ESPECIAL. ALÍNEA A. ISS. SERVIÇOS BANCÁRIOS. LEI COMPLEMENTAR N. 56/87.[104] LISTA DE SERVIÇOS ANEXA AO DECRETO-LEI N. 406/68. ITENS 95 E 96. INTERPRETAÇÃO EXTENSIVA. A lista de serviços anexa ao Decreto-lei n. 406/68, que estabelece quais serviços sofrem a incidência do ISS, comporta interpretação extensiva, para abarcar os serviços correlatos àqueles previstos expressamente, uma vez que, conforme ponderado pela ilustre Ministra Eliana Calmon, se assim não fosse, ter-se-ia, pela

---

103. REsp. 325344/PR, número de registro 2001/0067335-1, j. 24.09.2002, destaques nossos.

104. Nota do editorial: LC 56/87 foi revogada pela LC 116/2003.

AIRES F. BARRETO

> simples mudança de nomenclatura de um serviço, a incidência ou não do ISS. Da análise dos itens 95 e 96 da aludida lista, conclui-se que o ISS aplica-se aos serviços de cobrança de títulos descontados, não tendo incidência sobre as atividades de abertura de crédito, de adiantamento a depositantes, de compensação de cheques e de títulos e de saque no caixa eletrônico Recurso especial parcialmente provido, com a devida vênia do voto da insigne Relatora.

Como se pode observar, tal acórdão, cujo entendimento majoritário foi favorável ao contribuinte, analisou a incidência do ISS sobre as seguintes atividades bancárias:

a) "tarifas" referentes à abertura de crédito;

b) "tarifas" referentes à cobrança de títulos descontados;

c) "tarifas" referentes à compensação de cheques e títulos;

d) "tarifas" referentes a adiantamento a depositantes;

e) "tarifas" referentes a saques no caixa eletrônico.

O voto vencido, proferido pela Ministra Eliana Calmon, negou provimento ao Recurso Especial da instituição financeira munido dos seguintes fundamentos, em síntese:

a) a lista de serviços anexa à Lei Complementar 56/87 [revogada pela Lei Complementar 116/2003] e Decreto-lei 406/68 é taxativa, porém comporta interpretação extensiva. A taxatividade não impede seja feita uma leitura ampla e analógica de cada item, pois, se assim não fosse, teríamos, pela simples mudança de nomenclatura de um serviço, a incidência ou não do ISS;

b) a interpretação trabalhosa e bem elaborada com o objetivo de compatibilizar os serviços impugnados com os constantes nos itens 95 e 96 não infringe o art. 108 do CTN, sendo possível a verificação, caso a caso, com a constatação da só mudança de nomeação; e

142

ISS, IOF E INSTITUIÇÕES FINANCEIRAS

c) impossível analisar cada um dos itens em face do prescrito na Súmula 7/STJ.

Por sua vez, o voto vencedor, proferido pelo Ministro Franciulli Netto, deu parcial provimento ao Recurso Especial, firme nos seguintes embasamentos:

(i) embora a jurisprudência majoritária do STJ tenha firmado no sentido de que é taxativa a lista anexa ao Decreto-lei 406/68, a mesma comporta interpretação extensiva para abarcar os serviços correlatos àqueles previstos expressamente, uma vez que – concordando com o voto proferido pela Relatora Ministra Eliana Calmon – se assim não fosse, ter-se-ia, pela simples mudança de nomenclatura de um serviço, a incidência ou não do ISS;

(ii) análise das atividades mencionadas no Recurso Especial, para verificar se se encontram ou não correlatas à mencionada lista, implicando incidência do ISS, permite concluir que:

a) quanto à cobrança de títulos descontados, o acórdão deve ser mantido uma vez que a referida atividade é prevista no item 95 da lista;

b) quanto às atividades de abertura de crédito e de adiantamento a depositantes, que envolvem operações de crédito, não são, como entendeu a Corte de origem, correlatas às de elaboração de ficha cadastral, previstas no item 96 da aludida lista, uma vez que não se cuida de serviços, mas sim, de atividades de natureza financeira que não sofrem incidência do ISS;

c) quanto à atividade de compensação de cheques e títulos, por não se tratar de serviço e nem de cobrança e recebimento por conta de terceiros, prevista no item 95, não encontra atividade similar na lista anexa ao Decreto-lei 406/68, não sofre incidência do ISS;

AIRES F. BARRETO

d) quanto à atividade de saque no caixa eletrônico, não deve incidir o ISS porquanto não está prevista na lista e tampouco é atividade correlata à emissão de cartões magnéticos e a consultas nos terminais eletrônicos, dispostas no item 96, como firmado no acórdão recorrido, sendo incabível a criação de novas hipóteses de incidência do tributo.

Note-se que, a despeito de o fundamento norteador do voto vencedor ter sido a taxatividade da lista anexa à Lei Complementar 56/87 [revogada pela Lei Complementar 116/2003], passível de interpretação extensiva, o certo é que o acordão analisou a natureza jurídica de algumas atividades, concluindo pela inexistência de prestação de serviço, em especial a atividade de adiantamento a depositantes. A transcrição de trecho do voto é importante para tal constatação, *in verbis*:

> No entanto, em relação às demais atividades, o recurso merece prosperar.
>
> Com efeito, as atividades de abertura de crédito e de adiantamento a depositantes, que envolvem operações de crédito, não são, como entendeu a Corte de origem, correlatas às de elaboração de ficha cadastral, previstas no item 96 da aludida lista, uma vez que não se cuida de serviços, mas sim, de atividades de natureza financeira que não sofrem a incidência do ISS."

Ademais, da comparação entre o voto vencido e o voto vencedor, é possível perceber que a divergência principal não diz respeito à natureza jurídica das atividades em análise. Ambos partem da mesma premissa, cuja concordância foi apresentada na literalidade dos votos, segundo a qual a lista de serviços é taxativa, mas comporta interpretação extensiva. O desacordo é observado no seguinte aspecto: enquanto a Ministra Eliana Calmon deixa de apreciar cada um dos itens, por entender que o exame esbarraria com o óbice da Sumula 7/STJ, o Ministro Franciulli Netto ultrapassa tal barreira e apresenta posicionamento quanto às atividades em discussão

ISS, IOF E INSTITUIÇÕES FINANCEIRAS

encontrarem *"ou não outras atividades correlatas na mencionada lista, que impliquem na* (sic) *incidência do ISS"*. Houve, destarte, exame da natureza jurídica de algumas atividades.

O acórdão em tela, pois, conquanto proferido à luz do Decreto-lei 406/68 e Lei Complementar 56/87 [revogada pela Lei Complementar 116/2003], e possuir como fundamento norteador a taxatividade da lista, é, ademais disso, de extrema relevância, uma vez que examinou a natureza jurídica de várias atividades, afastando a incidência do ISS, entre outras, sobre as rendas relativas a adiantamento a depositantes, entendimento aplicável também nos dias de hoje. Com efeito, o Superior Tribunal de Justiça, ao efetuar essa análise, concluiu não haver prestação de serviços, mas atividade de natureza financeira, que não sofre a incidência pelo ISS.

No âmbito do TJSP, a maioria das decisões que afastam a incidência do ISS sobre tais rendas caracterizam, acertadamente, a atividade "adiantamento a depositantes" como verdadeiro empréstimo bancário e, portanto, uma operação de crédito. Tais decisões, examinando a natureza jurídica da atividade, desqualificam-na como serviço, concluindo incabível a tributação pelo ISS.

As demais decisões favoráveis às instituições financeiras, no sentido da não incidência do ISS, tomaram como fundamento a taxatividade da lista de serviços. Vale dizer, entenderam que a não incidência do ISS sobre as "rendas de adiantamento a depositantes" se justifica em razão da ausência de previsão na lista de serviços, que por sua vez é taxativa. Tais decisões foram proferidas no bojo do Decreto-lei 406/68.

A maioria dos acórdãos, nesse sentido, tomam como vetor jurisprudencial o acórdão proferido no RESP 325.344-PR, da Relatoria do Ministro Franciulli Neto, de 07.11.2002, o qual analisa a atividade "adiantamento a depositantes" à luz do Decreto-lei 406/68, afastando a incidência do ISS com fundamento na ausência de previsão na lista de serviços, vale dizer, com fundamento na taxatividade da lista.

AIRES F. BARRETO

Existem esparsas decisões concluindo pela incidência do ISS, relativamente à atividade identificada como "adiantamento a depositante". Em tais casos, porém, com a devida vênia, pensamos que o fundamento é extremamente frágil. Isto porque se pretende que haja identidade entre "adiantamento a depositantes" e "elaboração/análise de ficha cadastral". Não parece necessário maior esforço para concluir que na espécie não há a menor similitude entre esses dois fatos.

15.9 Arrendamento mercantil (*leasing*) de quaisquer bens, inclusive cessão de direitos e obrigações, substituição de garantia, alteração, cancelamento e registro de contrato, e demais serviços relacionados ao arrendamento mercantil (*leasing*)

O contrato de arrendamento mercantil é negócio jurídico realizado entre pessoa jurídica, na qualidade de arrendadora, e pessoa física ou jurídica, na qualidade de arrendatária e tem por objeto o arrendamento de bens adquiridos pela arrendadora, segundo especificações da arrendatária e para uso próprio desta.[105]

Assim, uma pessoa física ou jurídica, necessitando de um bem móvel ou imóvel, contrata, com uma empresa arrendadora, a compra do bem. A empresa de *leasing* compra e cede o seu uso à arrendatária, mediante retribuição, por um período determinado. Ao término do contrato, caberá à arrendatária a opção de renovar a cessão, restituir o bem ou comprá-lo pelo seu valor residual.

Como podemos depreender dos fatos acima descritos, a norma individual e concreta (contrato de arrendamento) introduz no ordenamento diversas relações jurídicas, como a locação (cede o uso do bem à arrendatária mediante retribuição), a promessa de compra e venda (comprá-lo pelo seu valor

---

105. Lei 6.099/74, art. 1°, parágrafo único, este com redação dada pela Lei 7.132/83.

146

ISS, IOF E INSTITUIÇÕES FINANCEIRAS

residual), o mútuo, o financiamento. Ressalte-se, porém, que em nenhuma dessas relações ocorre atividade, trabalho ou prestação de serviços; sendo assim, o *leasing* não pertence à classe do critério material de incidência do ISS.

Sem embargo do nosso posicionamento, a Suprema Corte decidiu que sobre o arrendamento mercantil – *leasing* – incide ISS.[106]

Com essa decisão – salvo a pouco provável reversão desse posicionamento, pelo menos em curto prazo – restam dois problemas a exigir solução: o primeiro está em determinar em que local (Município) é devido o ISS; o segundo é o da explicitação de qual seja a base de cálculo cabível diante dessa nova incidência de imposto municipal.

Diante disso, nossos esforços devem ser direcionados (a) ao local em que é devido o ISS, à luz do disposto na Lei Complementar 116/2003, e (b) à identificação da base de cálculo a ser aplicada, no caso de arrendamento mercantil.

Quanto ao local da prestação, deve resolver-se o problema pela aplicação da regra geral prevista no art. 3º da referida lei.

Muito mais difícil será encontrar a base de cálculo a ser aplicada no caso de arrendamento mercantil, dado que, para nós, *venia concessa*, atribuiu-se a qualidade de serviço a uma operação de crédito, com nuances de locação de coisa ou, se quiserem, uma locação de coisa com resquícios de uma operação de crédito, ambas, de qualquer forma, situadas ao largo da incidência do ISS, eis que não configuram obrigações de fazer, ficaram nas mãos do intérprete as dificuldades para identificar um dos termos do critério quantitativo, qual seja o da base de cálculo dessa prestação (*rectius*, operação). Em outras palavras, definir qual será, na espécie, o preço do "serviço de *leasing*".

---

106. RE 592.905/SC, Rel. Min. Eros Grau, Plenário, DJ 02.12.2009.

Nada obstante, como decisão da mais Alta Corte não se discute, cumpre-se, ao menos enquanto viger esse posicionamento cabe esforço para extrair dessa operação a sua dimensão financeira, à luz de um válido critério para medir.

Sem embargo, não estaríamos bem com a nossa consciência se não registrássemos: o que nos concita, o que nos desafia, é – mais uma vez, com a devida vênia – discorrer sobre uma modalidade de obrigação constitutiva de obrigações de dar, como se fora um serviço, com ela incompatível.

Vejamos o caso do *leasing* financeiro. É hora de tentar demonstrar que *leasing* financeiro não é serviço. Pensamos que *leasing*, em qualquer caso, equivale à locação. E o fazemos porque, na essência, o que se extrai de conteúdo econômico é uma despesa para o arrendatário e aluguel para o arrendador. Mas, mesmo considerando-o como financiamento, em vez de locação, também nessa hipótese não há serviço.

Com a devida vênia, não cabe dizer que "financiamento é serviço porque financiamento se faz". Isso pode ser verdadeiro na linguagem comum; mas, juridicamente, o que se tem, na hipótese é uma obrigação de dar. Não houve, como dizem os civilistas, nenhum "fazimento"; nada se confeccionou, entrega-se apenas coisa já existente (obrigação de dar dinheiro). Logo, não há nenhuma obrigação de fazer.[107]

A doutrina se refere a três tipos de *leasing*: (a) operacional, (b) financeiro e (c) *lease-back*. Nenhum, segundo penso, configura serviço. Deles, como o *lease-back* é menos usual e problemas parece não haver com o arrendamento mercantil da espécie "operacional", resta melhor exame do *"leasing* financeiro". É hora, pois, de tentar provar que *leasing* financeiro não é serviço. Pensamos que *leasing*, em qualquer caso,

---

107. Não parece correto dizer que financiamento se faz, logo é serviço. Como visto, não houve nenhum fazimento, nenhuma confecção, nenhum esforço humano em favor de terceiros. Apenas entregou-se o existente. Pode ser assim na linguagem comum, mas não na jurídica. Naquela, se a obrigação é de dar nada pode custar; pois é de dar. Nesta, sempre custa, pois a regra, salvo a exceção que a confirma, é precisamente a onerosidade.

ISS, IOF E INSTITUIÇÕES FINANCEIRAS

equivale à locação. E o fazemos porque, na essência, o que se extrai de conteúdo econômico é uma despesa para o arrendatário e aluguel para o arrendador. Mas, mesmo considerando-o como financiamento, em vez de locação, também nessa hipótese não há serviço. Basta que se tenha em conta que as remunerações decorrentes de financiamento são os juros e juros, por óbvio, não decorrem de serviços. Assim, resumidamente, locação de coisa – já o disse o mesmo Supremo – não é serviço; e, como pretendemos demonstrar, financiamento é operação creditícia.

No essencial, as variações são as seguintes: no *leasing* operacional, o próprio fabricante de um bem o dá em locação, a quem dele fará uso. No financeiro, a arrendadora (em geral, uma instituição financeira) adquire bens de um fabricante ou fornecedor e entrega seu uso e gozo a um arrendatário e no *lease back*, a posterior arrendatária vende um bem seu para o arrendador, tomando-o em seguida, de volta em arrendamento mercantil.

Para a Excelsa Corte, no *leasing* financeiro, predominaria o elemento financiamento, enquanto que no operacional predominaria a locação.

Vários argumentos foram trazidos visando a apoiar esse posicionamento. Sustentou-se, por exemplo, que o arrendamento mercantil, dito financeiro, seria um serviço porque estes são os "de qualquer natureza". De qualquer natureza, concordamos nós, mas sempre e só serviços. Nunca fato diverso. Nunca atividade que serviço não configure. Se estivermos versando as "pessoas de qualquer natureza" nem por isso poderíamos incluir outra espécie de seres que pessoas não fossem.

Admoestou-se, também, para a circunstância de que se não fosse tipificada essa atividade como serviço, não poderia ela ser alcançada por outro imposto, ficando ao largo de qualquer incidência tributária. Tal argumento, à luz da Constituição Federal, não prevalece. Deveras, o legislador

AIRES F. BARRETO

constituinte, certo de que a discriminação de rendas por ele engendrada poderia não ter contemplado todos os signos presuntivos de riqueza, inseriu preceito,[108] outorgando competência à União para, mediante lei complementar, instituir, além dos relacionados na Constituição, outros impostos, não cumulativos, desde que não tenham fato gerador ou base de cálculo próprios dos que estão nela discriminados. Esse dispositivo deixa evidente que não foram alcançados todos os fatos econômicos, uma vez que se todos eles estivessem contidos na enumeração constitucional, descabido seria prever a chamada competência residual.

Invocou-se também, no julgamento do RE 592.905/SC, declaração do ex-ministro da Fazenda, o economista Mário Henrique Simonsen, que, ao remeter o projeto do "arrendamento mercantil" ao Congresso Nacional, teria consignado que "o projeto objetiva o estabelecimento da disciplina fiscal para as operações de arrendamento mercantil, de forma que as citadas operações se imponham por suas virtudes intrínsecas...."

O então Ministro Simonsen já tratava o arrendamento mercantil como *"operação"* (negócio jurídico) e não como prestação de serviço. E se o fazia era porque sabia da abissal diferença entre operação e prestação.

Não é necessário grande esforço para constatar essa diferença. Basta examinar o teor do art. 155, II, da CF, que versa o ICMS. Lá está dito que o Estado pode criar imposto "sobre operações relativas à circulação de mercadorias e sobre prestações de serviços". Refletissem o mesmo fenômeno jurídico certamente não teriam merecido diferentes vocábulos para nomeá-los.

"Operações" é vocábulo que diz respeito a negócios jurídicos, à incidência sobre contratos; *"prestações"* é termo que

---

108. O art. 154, I, da CF outorga competência à União para criar outros impostos, além dos previstos no art. 153, desde que o faça por Lei Complementar e não tenham fato gerador ou base de cálculo próprios dos nela discriminados.

150

ISS, IOF E INSTITUIÇÕES FINANCEIRAS

diz respeito a fatos e não a singelos contratos. No primeiro caso, é suficiente a celebração de uma avença; no segundo, além da celebração de um contrato, é incontornável a concretização do fato nele previsto. Sem o fato prestação, não há a incidência de ISS. Em outras palavras, o ISS não incide – não pode incidir sobre operações – negócios jurídicos –, mas apenas sobre o fato prestar serviço. Ressalte-se que no próprio julgamento se reconhece e se reitera a expressão "operação de arrendamento mercantil".

Surdiu à luz, também, no citado julgamento do STF, fundamentação com base em normas editadas pelo Banco Central. Não à Constituição, mas aos atos normativos do Conselho Monetário Nacional para concluir que se o CMN não proíbe, cabe a cobrança do ISS sobre *"operações"* (novamente operações) de arrendamento mercantil.

Assentou-se, por fim, que operação financeira é obrigação de fazer, porque se faz financiamento. Não me parece que assim seja, já o disse; mas, se o fosse, ainda seria preciso ter em conta que nem toda obrigação de fazer implica incidência do ISS.

Muitas obrigações, alertava Clóvis Beviláqua,

> interessam ao credor, sem que possam classificar-se como trabalho, porque o que neles importa é o desenvolvimento da atividade do devedor; são, sim, as vantagens que trazem ao credor, como quando alguém se obriga a prestar fiança a favor de outrem, o trabalho, nesse caso, é insignificante; o valor do fato nasce da possibilidade, que a fiança traz ao afiançado, de realizar a operação jurídica para a qual era exigida essa segurança.[109]

O proporcionar um financiamento origina, para quem o concede, uma obrigação de dar, enquanto a prestação de serviços configura obrigação de fazer. E, sendo inconfundíveis essas espécies de obrigação, segue-se que sobre a concessão

---

109. Clóvis Beviláqua, *Código Civil dos Estados Unidos do Brasil*, comentado, Vol. 5, 10ª edição, atualizada. Rio de Janeiro: Francisco Alves, 1957, p. 18.

de financiamento (ou sobre a locação de coisa) não é possível pretender exigência de ISS.

O arrendamento mercantil não envolve nenhuma prestação de serviços a terceiro; não corresponde a um fazer. Pelo contrário, pressupõe, sempre, um dar, a cargo do arrendador. Sua natureza ou é de uma locação de coisa ou é a de uma operação creditícia ou financeira. Se locação de coisa, só por via do exercício, pela União, da competência residual (art. 154, I, da CF), poderia ser tributado; e mesmo que se visse o *leasing* como serviço, não estaria sujeito ao ISS, mas, segundo as normas constitucionais discriminadoras da competência tributária, ao imposto de competência da União, previsto no art. 153, V, da Constituição Federal.

É importante ressaltar que, mesmo se admitindo, por hipótese, que o arrendamento mercantil pudesse configurar obrigação de fazer (gênero), não se poderia incluí-lo no conceito constitucional de serviço. Essa operação (e não prestação) não exige esforço humano, nenhuma conduta que se possa vê-la como dispêndio de energia, que é o pressuposto basilar do conceito constitucional de prestar serviços.

Já faz muito, ensinava Clóvis Beviláqua – apoiado na lição de Savigny[110] – que pode haver obrigações de fazer que,

---

110. Cf. M. de Savigny, "Le Droit des Obligations", trad. do alemão, 2 ed., t. 1, Paris, Ernest Thorin,,Edicteur, 1873, p. 329/332:
"La prestation positive, comme objet de l'obligation, se présente sous deux formes différentes: comme dation ou comme fait dans la stricte acception du mot.
Par le mot dation, n'ous entendons les prestations qui ont pour but un changement se rapportant au droit des choses, en ce sens que le débiteur doit procurer au créancier la propriété, ou quelque autre doit réel; ou tout au moins l'usage temporaire d'une chose, la simple exercice d'un droit réel. L'expression est donc employée tantôt dans un sens large, tantôt dans un sens étroit. On l'applique même à des actes qui ne se rapportent pas au droit des choses, mais qui doivent simplement augmenter le patrimoine du créancier en lui attribuant une créance (par exemple par cession), ou même en l libérant d´une dette, opération qu´on peut bien considerer encore comme une augmentation de patrimoine.
Quant au fait, il comprend tous les actes qu'on ne peut pas faire rentrer dans la dation d'après le explications que nous venons de donner. Les plus importants de ces actes sont ceux qu'on désigne dunom général de travail, dont l´essence consiste dans le déploiement de forces (intellectuelles ou physiques). Et même le travail, comme objet de

ISS, IOF E INSTITUIÇÕES FINANCEIRAS

apesar disso, não estão incluídas na noção de serviço. Para tanto, vale-se de exemplo envolvendo a fiança – mas que se aplica, por inteiro, ao arrendamento mercantil – por não exigir, para sua prestação, desenvolvimento de esforço humano ou trabalho, *verbis*:

l'obligation, a encore le plus souvent pour but l'acquisitión ou la transformation des choses (c), quoique d'un autre côté nous voyions aussi le travail offrir une nature plus personnelle, tel que celui des domestiques. — Mais il y a, comme formant l'objet des obligations, des faits beaucoup plus nombreux, qui ne peuvent aucunement rentrer dans l'idée de travail : co sont surtout les actes multiples et importants, qui engendrent les rapports juridiques, et qui peuvent encore figurer comme objets dos obligations. Loraque, par exemple, quelqu'un promet de fournir un cautionnement pour un tiers, l'essence de cet acte qu'il s'est engagé à accomplir consiste non pas dans le déploiement de forces insigniflant qu'exige la prestation (orale ou écrite) du cautionnement, mais bien plutôt dans la nécessité de conclure l´opération juridique, à laquelle viennent se rattacher d'an côté les risques, de l´autre les avantages, du crédit procuré par le promettant."
Em tradução livre para o português:
"A prestação positiva, como objeto de obrigações, se apresenta sob duas diferentes formas: como um dar ou como um fazer, no sentido estrito dessas palavras.
Entendemos como "dar" as prestações que têm por escopo uma mudança relativa ao direito das coisas, no sentido de que o devedor deve proporcionar ao credor a propriedade ou qualquer outro direito real; ou, ao menos, o uso temporário de uma coisa, ou o simples exercício de um direito real. Assim, o "dar" é empregado tanto no sentido lato como no estrito. O termo deve ser utilizado, inclusive, em relação aos atos que não se referem ao direito das coisas, mas que devem, simplesmente, aumentar o patrimônio do credor, ao atribuir-lhe um crédito (p. ex., pela cessão), ou, ainda, liberá-lo de uma dívida, operação que se pode considerar, também, como aumento de patrimônio.
Quanto ao "fazer", compreende todos os atos que não podem ser incluídos no conceito de "dar", segundo as explicações que vimos de expor. Os aspectos *mais importantes* desses atos (de "fazer") são aqueles *indicados* pelo termo *trabalho*, daí constituir, sua essência, no desenvolvimento de *esforços* (intelectuais ou psíquicos). O próprio trabalho, como objeto da obrigação, tem por escopo, comumente, a aquisição ou a transformação das coisas (c), ainda que, por outro lado, o trabalho também apresente uma natureza mais pessoal, como os domésticos. Mas, compondo o objeto de obrigações, há um *grande número* de fazeres que, *de nenhuma forma, integram a noção de trabalho*: sobretudo, os múltiplos e relevantes atos que engendram as relações jurídicas e que podem também figurar como objeto das obrigações. Assim, por exemplo, quando alguém promete prestar uma *garantia* para um terceiro, a *essência do ato* pelo qual se obriga *não* consiste nos *insignificantes esforços* exigidos pela prestação (oral ou escrita) da garantia, mas, *sim*, na necessidade de concluir a *operação jurídica à qual se ligam* de um lado os *riscos*, e de outro as vantagens, para o promitente da garantia."

153

As obrigações de fazer, 'faciendi', são muito numerosas. Abrangem várias modalidades de trabalho, de serviço, *além de fatos, que se não podem incluir, como observa Savigny, na ideia de trabalho, porém são atos numerosos e importantes, que se prestam a ser objeto de prestações.* Não nos devemos, pois, iludir com a significação comum das palavras. As obrigações de fazer são, muitas vezes, resolvidas em prestações de trabalho por parte do devedor, como acontece nas locações de obras; porém, muitas *outras vezes,* consistirão num *ato ou fato,* para cuja *execução se não exige um_desenvolvimento de força física ou intelectual.* Quando alguém promete *prestar uma fiança,* o exemplo é de Savigny, *a essência do ato, objeto da prestação, não consiste no insignificante dispêndio de esforço, que a prestação de fiança possa exigir, mas sim na necessidade de concluir a operação jurídica, a que vem se ligar, de um lado, os riscos, e do outro, as vantagens do crédito fornecido."*[111] Demos ênfase.

J.M. de Carvalho Santos, citando Clóvis Beviláqua, expõe com muita clareza a essência de obrigações que, apesar de envolverem um *fazer*, não se amoldam ao conceito de prestação de serviço, *verbis*:

> Obrigação de fazer é a que consiste na prestação de fato, tendo por objeto um ou mais atos do devedor. As obrigações de fazer abrangem modalidades várias de atos, sejam trabalhos materiais, sejam intelectuais, sejam *atos que interessam ao credor, sem que possam classificar-se como trabalho,* porque o que lhes importa, na concisa lição de Clóvis Beviláqua, *não é o desenvolvimento da atividade* do devedor; são, *sim, as vantagens que trazem ao credor, como* quando alguém se obriga a *prestar fiança* a favor de outrem. O trabalho, neste caso, é insignificante; *o valor do fato nasce da possibilidade, que a fiança traz ao afiançado,* de realizar a operação jurídica para a qual era exigida essa segurança (Clóvis Beviláqua, ob. cit., obs. ao art. 878). [112]

A despeito de tudo o quanto se disse, não se pode, como o avestruz, simplesmente enfiar a cabeça na areia. Diante do

---

111. *Direito das obrigações*, 9ª ed. Rio de Janeiro: Livraria Francisco Alves, 1957, p. 58.

112. *Código Civil Brasileiro Interpretado*, J.M. de Carvalho Santos, vol. XI, 7ª ed., Livraria Freitas Bastos, 1956, Rio de Janeiro, p. 80.

ISS, IOF E INSTITUIÇÕES FINANCEIRAS

decidido pela nossa mais Alta Corte, cumpre-nos desenvolver esforços visando a construir a regra matriz desse "novel serviço".

Geraldo ensinava que a hipótese de incidência é uma unidade incindível. Não tem elementos, mas aspectos. Nessa esteira, Paulo de Barros Carvalho exemplificou. A hipótese de incidência é como uma esfera de aço: não pode ser dividida e manter a unidade de esfera. Seccionada ao meio, ter-se-á duas semiesferas. Todavia, apesar de não poder ser objeto de divisão, pode ser examinada em função dos seus aspectos: consistência, peso, cor, volume, brilho etc.

Para que se tenha tributo é indispensável que a norma jurídica tributária contenha todos os critérios do antecedente e do consequente. À míngua de um deles, não há tributo. Respeitada essa unidade, todos os critérios são relevantes; conjugam-se e se entrelaçam.

Seu critério material, constituído por um verbo e respectivo complemento, pode ser sintetizado na cláusula "prestar serviços de *leasing* financeiro".

Note-se que se trata de atividade ("serviço") de prestação continuada. Estende-se pelo tempo em que se espraiar o *leasing* (ex. 36 meses). A admissão de que poderia ser devido tão logo contratado implicaria vê-lo como imposto sobre contratos, e não sobre serviços. E, ademais disso, ter-se-ia o recolhimento de ISS mesmo antes da efetivação da prestação do serviço.

Pelo critério espacial reconhece-se que o tributo, nesse caso, é devido no local em que se dá a prestação, assim entendido aquele em que situado o estabelecimento prestador.

Cléber Giardino ensinava que a repartição de competências foi efetuada tendo em conta um critério material ao qual (no caso dos Estados, DF. e Municípios), deveria ser agregado um critério territorial. Isto porque o ISS, incidindo sobre a prestação de serviços, poderia, em tese (restringindo-se o

155

exame ao critério material), ter como sujeitos ativos os 5.569 Municípios brasileiros. Adicionando-se, porém, o critério territorial (segundo o qual o Município é competente dentro do seu território), segue-se que só um deles poderá configurar sujeito ativo: aquele onde o serviço for prestado.

Em resumo, é competente o Município que prestar os serviços, por estabelecimento prestador nele mantido. O "serviço" de *leasing* só se dá no Município em que estiver o estabelecimento prestador. É lá – e só lá – que ocorre a prestação do serviço. Aquele onde for efetuada a análise, a investigação, a comparação, a aprovação e a concretização do *leasing*. Só nele pode ser devido o ISS. Em nenhum outro.

Prevalece a regra geral da Lei Complementar 116/2003. O serviço considera-se prestado no local do estabelecimento prestador.

É lá que está a estrutura administrativa, seu corpo técnico, supervisionado diretamente por um diretor. É lá que se preenchem os requisitos referidos pelas Municipalidades para caracterizar um estabelecimento prestador.

No caso, porém, mesmo que se considerasse a exceção, segundo a qual o ISS é devido no local da prestação, tem-se que o local da prestação é o desse mesmo estabelecimento. É nele que se desenvolvem as atividades em que o serviço consiste.

Assim, quer considerando o local do estabelecimento prestador, quer considerando o local da prestação, o ISS será sempre devido onde houver a análise e a aprovação do *leasing*, sua execução e sua extinção.

Observe-se a irrelevância de onde está o tomador ou onde o arrendatário assina o contrato.

O critério temporal indica em que átimo o tributo é devido. Como vimos, os critérios da norma jurídica tributária se entrelaçam, se conjugam. Na espécie, para definir onde o serviço é prestado, é preciso que, previamente, se saiba quando

ISS, IOF E INSTITUIÇÕES FINANCEIRAS

ocorre a prestação do serviço. Em outras palavras, para saber onde é devido, é preciso determinar quando é devido.

Ora bem. Para haver *leasing* é inelutável que, em certo estabelecimento, alguém – examinando os fatos – proceda à conferência dos dados, analise o caso, aprovando, ou não, o crédito, a liberação do pagamento do bem, formalizando o contrato. Só a partir daí se tem "serviço". A consulta feita nas várias agências, a indicação do cliente e a obtenção dos seus dados, Brasil afora, ou seja, nos vários lugares (Municípios) em que se dá a captação não é relevante, para efeitos do *leasing*. Só quando houver (quando e onde) a aprovação, a liberação, a concordância com a locação, digo financiamento, digo, serviço. Os atos antecedentes nada valem sem o exame, sem a análise, a autorização, a aprovação. De fato, se não houver a aprovação, não se terá *leasing*. As ações anteriores não representarão nenhum serviço. Não haverá nenhum *leasing*.

O *leasing* só se completa, só se perfaz, só existe, com a aprovação do crédito, a celebração, a execução e a liquidação do arrendamento mercantil. É dizer, no momento em que, aprovado o financiamento, se conclui o contrato.

Antes, verificam-se várias tarefas, que poderão configurar inclusive um outro serviço – o de intermediação – , mas que do *leasing*, serão meras atividades-meio. Em outras palavras, ou se tem outro serviço (intermediação) ou se tem meras atividades-meio para atingir o fim (*leasing*).

Estamos convencidos de que as atividades das concessionárias nada têm a ver com o arrendamento mercantil, no máximo podem ser suas atividades-meio. É preciso reconhecer que essas atividades, em si mesmas consideradas, jamais poderão configurar um arrendamento mercantil.

É como a habilitação (atividade-meio) para o serviço de comunicação; é como a limpeza do terreno, para o serviço de reflorestamento; é como a entrevista, no caso dos serviços de pesquisa de mercado e assim por diante. Assim, de duas, uma: se essas tarefas forem executadas pelo próprio prestador de

157

serviço para viabilizar a concretização de uma certa atividade, que constitua o seu objeto, o fim perseguido, ter-se-á atividade-meio, intributável, por via de ISS. Se, diferentemente, essas tarefas forem desenvolvidas por terceiros, que não o prestador do serviço, realizarão elas um outro serviço, diverso e inconfundível com aquele efetuado pelo prestador de serviço que os haja contratado.

Não se trata de serviço seccionável, como o de ensino ou o de certas obras, que, em alguns casos, comportam decomposição. A regra é a da unidade do serviço. Tirante algumas poucas exceções, não há como fracionar, decompor, dividir, fatiar a atuação que, por sua índole, é indecomponível.

O critério pessoal diz respeito às pessoas que tenham o direito subjetivo e o dever jurídico relativo aos serviços de *leasing*, abrangendo, pois, o sujeito ativo e o sujeito passivo. Diante do serviço de arrendamento mercantil, de que estamos tratando, sujeito ativo será o Município no qual ocorrerem as medidas relativas à sua aprovação e à sua efetivação. Sujeito passivo será o agente, o arrendante. Aquele que realiza o *leasing*. O que promove a locação ou, se quiserem, o financiamento, é dizer, o que presta o esdrúxulo serviço.

O critério quantitativo, que abrange a base de cálculo e a alíquota, e o *leasing*

É cediço que a base de cálculo do ISS é o preço do serviço e que a alíquota é a definida em lei. Por preço do serviço deve entender-se o montante que dele provir. Daí porque a doutrina, com pequeníssimas variações, assentou que o conceito de que receita bruta corresponde ao preço da prestação do serviço, sem qualquer dedução.

É preciso, em consequência, explicitar o que entende por receita bruta. Comecemos por conceituar receita. Esta significa a espécie de entrada (ou de ingresso) que integrando positivamente o patrimônio de alguém, vem acrescê-lo, como elemento novo e positivo, sem que haja contrapartida no passivo.

Dito de outra forma. Só há receita quando a entrada passa a integrar o patrimônio de alguém, como elemento novo, acrescendo-o. Inexistente o acréscimo, não se há falar em receita. É necessário, ainda, que não haja no passivo lançamento que o compense ou anule. Era o que ensinava, do alto da sua Cátedra, o insuperável Baleeiro[113] sobre a receita pública, nos seguintes termos: "Todavia, maior rigor terminológico reserva a expressão Receita Pública apenas às quantias ou valores que, recebidos pelo Erário Público, realmente nele se integram definitivamente, aumentando-lhe o ativo, como parcela nova, sem nenhuma contrapartida, no passivo".

Esse notável jurista aduz, mais adiante, que as "receitas são, pois, entradas..." diversas das cauções, empréstimos, fianças etc., que "efetivamente opulentam o Tesouro sem qualquer lançamento compensatório ou anulatório no passivo público".[114]

Só depois desse exame e classificação das entradas, concluindo-se por se tratar de receita é que terá sentido versar o adjetivo "bruta". Todavia, como se quer cuidar apenas das "receitas tributáveis pelos Municípios, por via de ISS", faz-se necessário examinar de onde se originam, de onde provêm, as receitas auferidas. É que a receita poderá derivar de vários negócios jurídicos. Alguns há que nem se identificam como serviço; outros, apesar de classificáveis como serviço, sujeitam-se a imposto de competência de outras esferas de governo, como é o caso dos serviços de transporte intermunicipal e interestadual e dos de comunicação. Só depois desse expurgo, é que se poderá ter serviço tributável pelo Município. Só então se terá receita proveniente de prestação de serviço, de competência deste.

---

113. *Repertório Enciclopédico do Direito Brasileiro*, Volume XLIV, Verbete "Receita Pública", Rio de Janeiro: Borsoi, pp. 363/364.

114. Idem.

Essa proveniência, destarte, determina-se pela precisa identificação do negócio jurídico desencadeador das receitas. Nela não se podem incluir valores (a) que decorram de negócios outros, inconfundíveis com a prestação de serviços e (b) que embora relacionados com a prestação de serviços, não expressam, eles mesmos, receitas do prestador.

Assim, não se pode incluir na base de cálculo (e na base calculada) valores correspondentes a negócios paralelos, distintos da prestação de serviços. A circunstância de certos negócios jurídicos serem contratados ao mesmo tempo, pelas mesmas partes, não autoriza o entendimento de que se integrem à prestação de serviços.

Obviamente, onde não houver receita, jamais se poderá cogitar de exigência de ISS, pela singela razão de que, nessa hipótese, preço não há. Havendo receita, se ela não resultar da prestação de serviço atribuível ao Município não poderá compor a base de cálculo do imposto municipal.

É de mister que nas questões surgidas de relações jurídicas complexas, o primeiro passo para o seu adequado equacionamento exige detido exame dos vários contratos ou das múltiplas cláusulas de um só contrato. Sem isso, não se poderá identificar cada um dos diversos negócios jurídicos presentes, estudar sua natureza jurídica e subsumir, corretamente, os fatos neles referidos, aos vários tributos previstos no nosso sistema.

É imperioso identificar e separar as receitas, consoante suas respectivas procedências, para que se identifiquem as específicas bases de cálculo de cada um dos tributos, visando a evitar sejam ultrapassados os limites constitucionalmente traçados às competências tributárias.

Observados os limites constitucionais e as advertências acima referidas, a base de cálculo do ISS, preço do serviço é o valor que vem a integrar o patrimônio do prestador, como elemento novo e positivo, sem alcançar quaisquer valores provenientes de outros negócios jurídicos ou de outros fatos.

ISS, IOF E INSTITUIÇÕES FINANCEIRAS

Só pode integrar a base de cálculo do ISS a receita bruta que provenha de serviços tributáveis pelo Município. Só esta não admite deduções, isto é, as deduções da receita que não podem ser feitas são apenas aquelas que provêm diretamente da prestação de serviços de competência dos Municípios. Em contrapartida, não se pode incluir na base de cálculo do ISS quaisquer outros valores que, embora configurem receita, não provenham da prestação de serviços atribuídos à competência dos Municípios.

Para que dúvidas não pairem, é preciso distinguir entre deduzir valores e não incluir valores. Quando, de modo correto, se obtém o preço, dele não se pode deduzir valores. Outra coisa, porém, bem diversa, é a asserção de que tais ou quais valores não podem ser incluídos na base de cálculo do ISS. No primeiro caso, a dedução é indevida, por que reduz a base de cálculo do ISS, que deixa de ser o preço, para ser qualquer outra coisa a ele inferior. No segundo, o fenômeno é inverso. Incluir na base de cálculo valores que não sejam fruto da prestação de serviços (de competência dos Municípios) também implica desnaturação da base de cálculo, já agora, porém, para deixar de ser o preço para ser qualquer outra coisa a ele superior.

Por exemplo, na base de cálculo do ISS, jamais se poderá incluir, senão com ofensa à lei e à Constituição, receitas que não decorram da prestação de serviços, mas que, por exemplo, provenham de (remunerem) operações financeiras. A base de cálculo do ISS esgota-se no valor (preço) da prestação de serviços submetidos à competência tributária dos Municípios.

Visto de um primeiro ângulo, a adoção de base de cálculo que exorbita a própria do ISS, qual seja, o preço do serviço, implicando criação de tributo outro deste diverso, cuja hipótese de incidência passa a ser *receber ingressos* e a base de cálculo o montante de numerário que transita pelo caixa da empresa. Em outro giro, a base de cálculo passa a ser: auferir recebimentos próprios e outros (não auferidos) porque de terceiros.

161

AIRES F. BARRETO

Portanto, considerar na base calculada valores não correspondentes à remuneração do serviço prestado, implica tributar não o serviço, mas, outra coisa, maior, mais ampla e abrangente, sem o consentimento ensejado pelo art. 156, III, da Lei Magna.

A Lei Complementar 116/2003 prevê no subitem 15.09, da lista de serviços submetidos ao ISS, a incidência sobre arrendamento mercantil (*"leasing"*).

Independentemente do entendimento de que locação de bens móveis e *leasing* não configuram obrigação de fazer, não podendo sujeitar-se ao imposto municipal, supondo-se a incidência do ISS, no caso do arrendamento mercantil, é preciso ter cautela na mensuração da base de cálculo e na determinação da base calculada.

O *leasing* é contrato típico integrado por elementos próprios de outros contratos (locação, compra e venda, financiamento). Contudo, não se pode confundi-lo com qualquer deles. É contrato complexo, composto por cláusulas próprias da locação, da compra e venda e do financiamento.

O Superior Tribunal de Justiça tem decidido, com reiteração, pela sujeição do arrendamento mercantil (*leasing*) ao ISS.[115] Essa mesma senda foi seguida pela Suprema Corte.

Em suma, a jurisprudência– contra a nossa convicção – concluindo que o arrendamento mercantil (*leasing*) está sujeito ao ISS, é caudalosa e remansosa, assim no Superior Tribunal de Justiça como no Supremo Tribunal Federal.[116]

---

115. STJ – Resp. 220635/RS, 1ª T., Min. Milton Luiz Pereira,dec. 16.05.2000, *DJ* 07.08.2000, p. 98, REsp. 804/SP, 1ª T., Rel. Min. Pedro Acioli, , dec. 21.03.90, *DJ* 14.05.90, p. 4152; *RSTJ* vol. 13, p. 256, REsp. 673/SP, 1ª T., Rel. Min. Armando Rolemberg, dec. 02.10.89, *DJ* 06.11.89, p. 16686, REsp. 61/SP, 2ª T., Rel. Min. Carlos M. Velloso, dec. 08.11.89.
Tão pacífico é o tema, no âmbito do Superior Tribunal de Justiça, que aquela Colenda Corte sumulou a matéria, *verbis: "SÚMULA 138. O ISS incide na operação de arrendamento mercantil de coisas móveis"*.

116. O Supremo Tribunal Federal também vem decidindo pelo cabimento do ISS, diante do leasing, *verbis*: "Imposto sobre serviços. Município de São Paulo. Ação

ISS, IOF E INSTITUIÇÕES FINANCEIRAS

Os vários julgados, no entanto, não identificam, com precisão – ou nem mesmo fazem referência ao tema – qual seria, nesse caso, a base de cálculo do imposto municipal.

> Estamos convencidos de que mesmo admitindo a incidência do ISS, não pode integrar a base de cálculo o valor do bem em que se assenta, na hipótese de ser exercida a opção de compra. Sua inclusão significa indevida incursão no campo do ICMS, que já alcançou esse bem com a incidência respectiva. Impõe-se, destarte, não se envolva, na base de cálculo do ISS (e, subsequentemente, na base calculada), valor estranho à incidência desse imposto.

> Exigir ISS sobre o valor da coisa objeto do arrendamento mercantil, no caso do exercício da opção de compra, é pretender que o ISS incida sobre bens objeto de mercancia. É evidente que, no caso, não se tem material. Fosse bem material, poderia pretender-se o cabimento de ISS. Mas, no caso, não se há falar em material, mas em bem objeto de compra e venda, vale dizer, de uma das modalidades de incidência do ICM(S). O valor correspondente ao bem não pode compor a base de cálculo do ISS, sob pena de estar-se a miscigená-la com a do ICM(S). Estar-se-ia a amalgamar uma obrigação de fazer com uma obrigação de dar. Manter o valor correspondente como componente da base de cálculo do ISS significa criar incidência esdrúxula, o que, no nosso sistema, não se faz possível.

Portanto, a base de cálculo do serviço de *leasing* não pode incluir negócio que nada tem de serviço. Assim, a eventual venda do bem arrendado, não pode integrá-la (sujeita-se ao ICMS, nos termos do art. 3º, VIII, da LC 87/96). Também não pode compor a base de cálculo (não é preço do serviço) e não pode integrar a base calculada o valor de compra do veículo pela arrendadora; o valor do financiamento; o valor

---

Declaratória. Serviços prestados por estabelecimentos bancários. Incidência do ISS sobre operações com cartões de crédito nos débitos não financiados pelos Bancos; arrendamento mercantil (*leasing*); execução de contratos particulares. Não incidência sobre: a) Locação de cofres; b) cadastro; c) Cartões de crédito, nos débitos financiados pelos Bancos; d) expediente; e) recebimento de carnes; f) bilhetes, contas e assemelhados; g) ordens de pagamento ou de crédito; h) custódia de bens e valores; i) transferência de fundos; tendo-se também em vista a legislação municipal. Precedentes." (STF, RE 105.844/SP, 2ª T., Rel. Min. Aldir Passarinho, dec. 06.10.87, *DJ* 17.09.1993, p.18929, Ement. vol-01717-02, p. 00293).

residual garantido (VRG)[117] e os valores pagos pelo arrendatário à arrendadora para que esta organize e administre o financiamento. Em suma, em face da complexidade decorrente da miscigenação atribuída ao arrendamento mercantil, transformando-o em serviço, será extremamente difícil obter uma definição precisa de qual seja a base de cálculo consentânea com o esdrúxulo fato tributário (serviço de *leasing*).

15.10 Serviços relacionados a cobranças, recebimentos ou pagamentos em geral, de títulos quaisquer, de contas ou carnês, de câmbio, de tributos e por conta de terceiros, inclusive os efetuados por meio eletrônico, automático ou por máquinas de atendimento; fornecimento de posição de cobrança, recebimento ou pagamento; emissão de carnês, fichas de compensação, impressos e documentos em geral

Aqui é preciso distinguir duas distintas hipóteses: aquelas em que a instituição financeira desenvolve essas atividades para terceiros, daquelas em que o faz para si própria. Por exemplo: se o recebimento decorre do pagamento que o seu cliente faz de prestação para amortizar um empréstimo, não há, aí, nenhum serviço. A atuação não é realizada para terceiros, senão para a própria instituição.

O mesmo ocorre com a cobrança e atuações similares. Se o ato se constitui em exigir o pagamento de uma dívida que o cliente tenha com a instituição financeira, não cabe falar em incidência do ISS.

---

117. A Súmula 293, do STJ já fixou o entendimento de que a *"cobrança antecipada do valor residual garantido (VRG) não descaracteriza o contrato de arrendamento mercantil"*. Muitas vezes, o VGR está diluído nas contraprestações.

15.11 Devolução de títulos, protesto de títulos, sustação de protesto, manutenção de títulos, reapresentação de títulos, e demais serviços a eles relacionados

Também aqui é necessário estremar as atividades que a instituição desenvolve em seu próprio favor, das demais cuja atuação se faz para terceiros. Se, assim como na atividade de cobrança, a instituição financeira realiza a devolução de títulos em seu favor, não há prestação de serviço.

15.12 Custódia em geral, inclusive de títulos e valores mobiliários

Designam-se títulos mobiliários os documentos que representam direitos creditícios, com aptidão para serem considerados válidos no mercado financeiro e poderem girar em mãos diversas daquelas que as introduziram nesse mercado. Entre eles, despontam as ações, os debêntures, CDBs, LTNs, as apólices da dívida ativa. A seu turno, valores mobiliários têm caráter residual. São os que, a despeito de também serem considerados direitos creditícios, não se enquadram no conceito de títulos mobiliários. Parece que, entre eles, o mais expressivo é identificado pelo ouro, enquanto ativo financeiro.

O subitem prevê a incidência do ISS diante da custódia desses tipos de papéis, documentos ou instrumentos, alcançando títulos e valores mobiliários. Temos por certo que essas atividades (de custódia, inclusive de títulos e valores mobiliários) têm cunho financeiro, de natureza creditícia. A custódia é integrante dessa atividade. Compõe, destarte, o campo de incidência do tributo federal, nada tendo de serviço tributável pelos Municípios.

15.13 Serviços relacionados a operações de câmbio em geral, adição, alteração, prorrogação, cancelamento e baixa de contrato de câmbio; emissão de registro de exportação ou de crédito; cobrança ou depósito no exterior; emissão, fornecimento, transferência, cancelamento e demais serviços relativos a carta de crédito de importação, exportação e garantias recebidas; envio e recebimento de mensagens em geral relacionadas a operações de câmbio

Note-se que, se a operação é de câmbio (sempre operação) todas as demais a ele relativas ou são dela dependentes ou são atividades-meio. Em ambos os casos, esgotam-se no campo de incidência do IOF. O contrato é de câmbio (o que se tributa é o negócio jurídico e não o fato prestar serviço). Todas as demais operações que se seguem na descrição do subitem dizem respeito a crédito, a registro dele, a cartas de crédito, desta ou daquela natureza e suas garantias (que, como já vimos não se amoldam ao conceito de serviço tributável).

15.14 Fornecimento, emissão, reemissão, renovação e manutenção de cartão magnético, cartão de crédito, cartão de débito. Cartão salário e congêneres

Eis mais um grupo de atividades subsidiárias à concessão de garantias (que não são serviço) ou de atividades-meio para viabilização da concessão dessas garantias. Tais atividades só existem, só têm sentido, para a concretização da operação creditícia ou da prestação de garantia. É absurdo cogitar da incidência do ISS, nesses casos.

Nas atividades que têm por cerne cartões (de crédito, de débito, ou de outros meios de pagamento), nos negócios envolvendo estabelecimentos (especialmente os comerciais, de prestação de serviços ou de locação de bens móveis), o

ISS, IOF E INSTITUIÇÕES FINANCEIRAS

propósito perseguido é o de conceder a essas pessoas, físicas ou jurídicas, uma garantia, objetivo diverso da prestação de serviços e situado sob a possível tributação de imposto federal e, portanto, não da municipal.

Consiste essa atividade em oferecer (prestar) garantia aos titulares (pessoas físicas ou jurídicas) de estabelecimentos credenciados para aceitação de cartões e de outros meios de pagamento. O supedâneo fundamental motivador do interesse dos "estabelecimentos" em obter credenciamento está em que, depois disso, terão assegurado que eles, sem sobressaltos e preocupações, receberão os valores decorrentes das operações, prestações ou locações, que realizarem com particulares. Isto porque o concedente lhes garantirá o recebimento das transações que efetuarem (eminentemente venda de produtos, mercadorias, locação de coisas e prestação de serviços), com o emprego de cartões de crédito, de débito, ou de outros meios de pagamento, por ela reconhecidos.

15.15 Compensação de cheques e títulos quaisquer; serviços relacionados a depósito, inclusive depósito identificado, a saque de contas quaisquer, por qualquer meio ou processo, inclusive em terminais eletrônicos e de atendimento

Todas essas atividades compõem o amplo espectro das operações financeiras, sendo algumas singelas atividades-meio necessárias à sua concretização. É normal que as instituições financeiras cobrem um determinado valor para a sua efetivação. Mas, essa cobrança não transmuda a atividade financeira ou creditícia em prestação de serviços. Se no desenvolvimento da sua atuação para atingir fim perseguido ela incorre em custos, é natural que se ressarça desses dispêndios, com ou sem um "plus". O certo é que, mesmo havendo um "*spread*", essa remuneração será sempre e só decorrente da atividade de natureza financeira e creditícia que tem por objetivo.

167

15.16 Emissão, reemissão, liquidação, alteração, cancelamento e baixa de ordens de pagamento, ordens de crédito e similares, por qualquer meio ou processo; serviços relacionados à transferência de valores, dados, fundos, pagamentos e similares, inclusive entre contas em geral

Não há como desenvolver a atividade creditícia sem realizar as de emissão, reemissão, liquidação, alteração, cancelamento e baixa de ordens de pagamento, ordens de crédito e similares, que são viabilizadoras da atividade principal. Estas não têm sentido sem aquelas. Só se desenvolvem para a concretização de todo o ciclo creditício, desde a sua concepção, implementação e exaurimento. É inconfundível a intermediação no âmbito financeiro daquela que configura mera prestação de serviços. Uma coisa é ser atividade-meio ou negócio jurídico subordinado ao principal; outra, bem diversa, é ser objeto da prestação de serviços de intermediação. Situá-las como objeto da incidência do ISS é pretender esvaziar totalmente o campo de incidência do IOF. É, mal comparando, ver prestação de serviços na ação que o comerciante pratica de embrulhar a mercadoria vendida, como atividade autônoma e distinta da operação mercantil.

15.17 Emissão, fornecimento, devolução, sustação, cancelamento e oposição de cheques quaisquer, avulso ou por talão

É de uma obviedade solar que a emissão ou o fornecimento de cheques, além das atividades de devolução, sustação, cancelamento e oposição de cheques quaisquer, são simples meios para tornar exequíveis as operações creditícias e financeiras, situadas no campo do IOF. O só fato de a instituição financeira cobrar um valor por essas ações-meio não as transformam em prestação de serviços; não lhes confere autonomia.

ISS, IOF E INSTITUIÇÕES FINANCEIRAS

É absurdo pretender que haja prestação de serviços nas singelas medidas, sem autonomia, por visivelmente dependentes das atividades principais, sem as quais as operações não se concretizariam, não subsistiriam no tempo. Não é por outra razão, que as tentativas de tributar pelo imposto municipal e distrital essas atividades têm esbarrado na censura do Poder Judiciário.

15.18 Serviços relacionados a crédito imobiliário, avaliação e vistoria de imóvel ou obra, análise técnica e jurídica, emissão, reemissão, alteração, transferência e renegociação de contrato, emissão e reemissão do termo de quitação e demais serviços relacionados a crédito imobiliário

Não se faz possível realizar uma operação financeira de crédito imobiliário, sem a prática de uma série de outras que a tornam possível, que a viabilizam. É de uma obviedade gritante que não se ultima nenhuma operação de crédito imobiliário sem que a instituição financeira conheça em detalhes o bem a ser financiado e a plena validade da documentação que lhe dá suporte. Para tanto, é necessária a realização de uma série de atividades-meio, que tornam possível a outorga do crédito. É absurdo pretender que essas atividades, sem autonomia, e que só têm razão de ser em função da atividade creditícia, possam ser vistas como prestação de serviço.

Autores há que para objurgar a distinção entre atividade-meio e serviço (atividade) fim, alegam que o direito não positivou essa separação. É sem sentido fazê-lo porque a diferenciação radica na Constituição mesma, que só autoriza a tributação, por via de ISS, da prestação de serviços e atividade-meio não o são. Como esses autores não encontram fundamento para as suas alegações, culminam por invocar o que vem prescrito no art. 1º da Lei Complementar 116/2003. E, ao fazê-lo perpetram um novo e monumental equívoco. Deveras, é absurdo pretender que esse dispositivo possa autorizar a

169

tributação das atividades-meio. O que essa disposição prevê é a irrelevância de a pessoa, física ou jurídica, dedicar-se, dentre as atividades que desenvolva, muito ou pouco à prestação de serviços. É dizer, é despiciendo, para a incidência desse tributo, se, por exemplo, quem o presta dedica-se em 99% à prática de operações mercantis e em 0,9% a promover operações com produtos industrializados e só a 0,1% à prestação de serviços. Pouco importa a inexpressividade da atuação no campo da prestação de serviços. Basta que exista para incidir o tributo respectivo. Como se vê, isso, por óbvio, nada tem a ver com a distinção entre atividade-meio e serviço fim. Desconhecê-las é não saber, sequer, interpretar o sistema.

Portanto, se há necessidade de ser emitido um parecer ou elaborada uma análise técnica ou jurídica para a concessão de um crédito imobiliário, essas atividades de nada servem, em si mesmas consideradas, senão ao propósito de concluir pela outorga do crédito pretendido ou por sua rejeição. É, em síntese, dizer: nenhum serviço; nenhum ISS.

REFERÊNCIAS BIBILIOGRÁFICAS

ARZUA, Heron. "Incidência do ICMS sobre o preço da venda e não sobre o valor do financiamento", *RDT* 67/355.

ATALIBA, Geraldo. *Hipótese de incidência tributária,* 6. ed. São Paulo: Malheiros, 2003, p. 42.

ATALIBA, Geraldo; GIARDINO, Cléber. "ICM: base de cálculo". *Revista de Direito Tributário*, p. 91-116.

BALEEIRO, Aliomar. *Repertório Enciclopédico do Direito Brasileiro, Volume XLIV*, Rio de Janeiro: Borsoi, 1947.

BARRETO, Aires F. *Base de cálculo, alíquota e princípios constitucionais,* 2ª ed. São Paulo. Max Limonad, 1998.

BARRETO, Aires F. "ISS–atividade-meio e serviço-fim". *Revista Dialética de Direito Tributário*, v. 5, p. 72-97, 1996.

BARRETO, *Aires F. ISS na Constituição e na lei.* São Paulo: Dialética, 2003.

BARRETO, *Aires F.* "Conceito de serviço". *Suplemento Tributário da LTr*, n. 19, São Paulo: LTr, 1981.

BATALHA, Célio de Freitas. "Os chamados conflitos entre competências, diante do sistema tributário brasileiro, em relação ao ICM e ISS". *Revista de Direito Tributário*, ano VI, n. 19/20, jan. jun. 1982.

BEVILÁQUA, Clóvis. *Código Civil dos Estados Unidos do Brasil Comentado vol.* 5, 10ª edição, atualizada. Rio de Janeiro: Francisco Alves, 1957.

_____. *Curso de direito civil* – Direito das Obrigações 1ª parte. São Paulo: Saraiva, 1967.

BORGES, José Souto Maior. *Parecer sobre a não incidência do ISS, na emissão de bilhetes de apostas pelo Jockey Club de São Paulo.* Recife, 1992.

BUFNOIR, Claude. *Propriété et contrat: théorie des modes d'acquisition des droit réels et des sources des obligations.* Issy-les-Moulineaux-FR: LGDJ, 2005.

CARVALHO DE MENDONÇA, José Xavier. *Tratado de direito comercial brasileiro*, 4ª edição, vol. V, 2ª parte. Rio de Janeiro: Freitas Bastos 1947.

CARVALHO DE MENDONÇA, Manoel Ignácio. *Doutrina e prática das obrigações*, Rio de Janeiro: Forense, 1956.

CARVALHO SANTOS, J. M.. Código Civil brasileiro interpretado *vol. XI*, 7ª. ed. Rio de Janeiro: Livraria Freitas Bastos, 1956.

CARVALHO, Paulo de Barros. *Direito tributário: linguagem e método.* 6ª ed., São Paulo: Noeses, 2015.

COSTA, Antonio José da. "Conflitos de competência – ISS – IPI – ICM". *Revista de Direito Tributário*, ano VI, n. 19/20, jan. jun. 1982.

Dicionário Michaellis. Verbete – "tarifa". Disponível em: <http://goo.gl/b5gMKq>. Acesso em: 16 maio 2016.

FALCÃO, Djaci. Voto no RE 101.103-0-RS *RT* 649/190.

GOMES, Orlando. *Contratos*, 10ª ed. Rio de Janeiro: Forense, 1984.

_____. *Obrigações*. Rio de Janeiro: Forense, 1961.

HARET, Florence. "Taxa e preço público: por uma reavaliação do conceito de tributo e definição das espécies tributárias. Artigo

ISS, IOF E INSTITUIÇÕES FINANCEIRAS

on-line. Portal eletrônico do *Instituto IDEA*. Disponível em: <http://goo.gl/es7adi>. Acesso em: 16 maio 2016.

ICHIHARA, Yoshiaki. "Conflitos de competência – ICM e ISS – PIS e FUNRURAL". *Revista de Direito Tributário*, ano VI, n. 19/20, jan. jun. 1982.

JUSTEN FILHO, Marçal. *O Imposto Sobre Serviços na Constituição*. São Paulo: Ed. RT, 1980.

MARAFON, Plínio J. *IOF, in* MARTINS, Ives Gandra. *Comentários ao Código Tributário Nacional*, 7ª ed., Coordenação Ives Gandra Martins. São Paulo: Saraiva, 2013.

MARTINS, Ives Gandra. *Teoria da imposição tributária*. São Paulo: Saraiva, 1983.

MELO, José Eduardo Soares de. *ICMS Teoria e Prática*, São Paulo: Dialética, 1995.

MENDONÇA, José Xavier Carvalho de. *Tratado de direito comercial brasileiro*, 4ª ed., Rio de Janeiro: Freitas Bastos, 1947, vol. V., 2ª parte, p. 51.

MINATEL, José Antonio. *Conteúdo do conceito de receita e regime jurídico para a sua tributação*. São Paulo: MP Editora, 2005, p. 100.

MONTEIRO, Washington de Barros. *Curso de direito civil* – direito das obrigações. 2ª Ed. São Paulo: Saraiva, 1967.

MOSQUERA, Roberto Quiroga. *Direito monetário e tributação da moeda*. São Paulo: Dialética, 2008.

NONATO, Orozimbo. *Curso de obrigações*. v. I. Rio de Janeiro: Forense, 1959,

NOVAIS, Raquel e BEHRNDT, Marco Antonio. "A não incidência do IOF nos contratos de conta corrente entre empresas do mesmo grupo – Análise da decisão do STJ no REsp. 1.239.101/RJ". *Revista Dialética de Direito Tributário*, v. 207, p. 140-152, 2012.

NUSSBAUM, Arthur. *Derecho monetário nacional e internacional:* estudio comparado en el linde del derecho y de la economia. Trad. de Alberto D. Shoo, Buenos Aires: Arayu, s.d.

PONTES DE MIRANDA, Francisco Cavalcanti. *Tratado de direito privado tomo XXII*, 2ª ed., Rio de Janeiro: Borsoi, 1958.

_____. *Tratado de direito privado tomo XLVII*, 2ª ed., Rio de Janeiro: Borsoi, 1958.

_____. *Tratado de direito privado tomo XLV*, 2ª ed., Rio de Janeiro: Borsoi, 1958.

RECEITA FEDERAL DO BRASIL. Parecer Normativo CST nº 127/73, de 12.9.73.

RECEITA FEDERAL DO BRASIL. Parecer Normativo CST nº 63/75, de 30.5.75.

Repertório Enciclopédico do Direito Brasileiro Vol. XLIV. Rio de Janeiro: Borsoi, 1947.

REQUIÃO, Rubens. *Curso de direito comercial,* 26ª ed., vol. 2, Saraiva: São Paulo, 2009, p. 380.

SARTIN, Agostinho. "ICMS e ISS e obrigações de dar e de fazer". *Revista de Direito Tributário,* ano VI, n. 19/20, jan. jun. 1982.

SAVIGNY, Michel de. *Le droit des obligations,* 2 ed., t.1, Paris: Ernest Thorin, Edicteur, 1873.

STF, RE 105.844/SP, Rel. Min. Aldir Passarinho, 2ª T., dec. 06.10.87, *DJ* 17.09.1993, p.18929, Ement. vol-01717-02, p. 00293

STF, RE 100.187-0, 2ª Turma, *DJ* 31.08.1984.

STF *RTJ* 111/696.

STF. Ministro relator, Décio Miranda, no RE 97.804-SP, v.u.. *RTJ* 111/696.

STF, RE 100.178-0, 2ª T., *DJ* 31.08.1984.

ISS, IOF E INSTITUIÇÕES FINANCEIRAS

STF, RE 116.121-3/SP.

STF, RE 101.103-0-RS, 2ª T, Rel. Min. Aldir Passarinho, j. 18.8.11.1988. (JSTF, vol. 127, pp. 130/145) ou *RT* 649/183 e seguintes.

STF, RE 116.121-3 SP, Pleno, *DJe* 25.05.2001, Rel. Min.Marco Aurélio Mello.

STF, RE 592.905/SC, Plenário, Rel. Min. Eros Grau, *DJ* 2.12.2009.

STF, RE 116121-3, Rel. Min. Marco Aurélio Mello.

STJ, AgRg no REsp. 953840 RJ, Rel. Min. Luiz Fux, j. 20.08.2009, 1ª T., *DJe* 14.09.2009.

STJ, REsp. 1.239.101, 2ª T., Rel. Min. Mauro Campbell Marques, *DJ* de 19.09.2011.

STJ, REsp. 220635/RS, 1ª T., Min. Milton Luiz Pereira, dec. 16.05.2000, *DJ* 07.08.2000, p. 98.

STJ, REsp. 325344 PR 2001/0067335-1, 2ª T., Rel. Min. Eliana Calmon, j. 07.11.2002, *DJ* 08.09.2003 p. 271.

STJ, REsp. 51797/SP 1994/0023002-8, 2ª T., Rel. Min. Ari Pargendler, j. 05.06.1997, *DJ* 01.09.1997.

STJ, REsp: 69986 SP 1995/0035020-3, Rel. Min., Demócrito Reinaldo, j. 02.10.1995, 1ª T., *DJ* 30.10.1995, p. 36734, *RT* vol. 725/185.

STJ, Súmula 424 do STJ, Rel. Min. Eliana Calmon, 10.03.2010.

STJ, REsp. 69986, Min. Demócrito Reinaldo, *DJ* 31.05.1999.

STJ, REsp. 29.307/RS, 1ª T, Rel. Min. Humberto Gomes de Barros, *DJ* 18.10.1993-JSTJ, vol. 54, pp. 280/2.

STJ, REsp 32.202-2-SP - 2ª T - Rel. Min. José de Jesus filho - *DJ* 1.8.1994). (RT, vol. 709, pp. 202/4.

STJ, REsp. 325344/PR (número de registro 2001/0067335-1), data do julgamento: 24/09/2002, destaques nossos.

175

AIRES F. BARRETO

STJ, REsp. 61/SP, 2ª T., Rel. Min. Carlos M. Velloso, dec. 08.11.1989.

STJ, REsp. 673/SP, 1ª T., Rel. Min. Armando Rolemberg, dec. 02.10.1989, *DJ* 06.11.1989, p. 16686,

STJ, REsp. 804/SP, Rel. Min. Pedro Acioli, 1ª T., dec. 21.03.1990, *DJ* 14.05.1990, p. 4152; RSTJ vol. 13, p. 256,

STJ, REsp. 1.111.234/PR.

STJ, Súmula 138.

STJ, Súmula 293.

TJSP, 1º TAC-SP [extinto] Apelação 303.513-SP.

TJSP, Acórdão da 15ª Câmara de Direito Público do Tribunal de Justiça do Estado de São Paulo na Apelação Cível com Revisão 438.651-5/8-00, da Comarca de São Paulo.

TJSP, Acórdão da 15ª Câmara de Direito Público do Tribunal de Justiça do Estado de São Paulo na Apelação Civiel com Revisão 470.583-5/1-00, da Comarca de Ribeirão Preto.

TJSP, Acórdão da 15ª Câmara de Direito Público do Tribunal de Justiça de São Paulo na Apelação Cível com Revisão 444.713-5/0-00, da Comarca de São Paulo-Fazenda Pública.

TJSP, Acórdão em Mandado de Segurança da 14ª Câmara de Direito Público do Tribunal de Justiça na Apelação – Civil 920920/1-00, da Comarca de São Paulo – 8. V. Faz. Pública (Proc. 000782/99),

TJSP, Acórdão unânime da 2ª Câmara do 1º TAC [extinto] no Agravo de Instrumento 1.292.425-7, da Comarca de São Paulo.

TJSP, Ap.Civ. 95.488-2 - 15ª CC - Rel. Des. Borroul Ribeiro, j. 13.08.1986 – *RJTJESP* vol. 104, pp. 193/6.

TJSP, Apelação 246.876, de Santos. Acórdão unânime da Segunda Câmara, de 16 de agosto de 1978.

ISS, IOF E INSTITUIÇÕES FINANCEIRAS

TJSP, Apelação 9110162-02.2006.8.26.0000, 14ª Câmara, j. 14.04.2011 e Apelação 9184304-74.2006.8.26.0000, 14ª Câmara, j. 14.04.2011.

TJSP, Apelação. 445.189-6, da Comarca de Lins, 8ª Câmara do 1º TAC [extinto], v.u,; v. também "JTACSP", ed. *RT*, vol. 119/251-255, relatado pelo eminente Juiz Silvio Marques.

TJSP, Uniformização de Jurisprudência 27.430-0-01, da Comarca de Santos.

WALD, Arnoldo. "Aspectos Jurídicos da Reforma Monetária" *in* CEDES Centro de Debates e Estudos do Tribunal de Alçada Cível do Rio de Janeiro. Seminário Aspectos Jurídicos e Econômicos do Crédito Imobiliário. Angra do Reis, Set. 1994. Disponível em: <http://www.abecip.org.br/imagens/conteudo/publicacoes_e_artigos/anais_seminario_angra_dos_reis_09_1994.pdf>. Acesso em: 23 fev. 2016.

Impressão e acabamento
Intergraf Ind. Gráfica Eireli.